U0839681

图说人文中国
主编 范子烨

礼乐吉金

图说西周

胡振宇 撰

商务印书馆
创于1897 The Commercial Press
2016年·北京

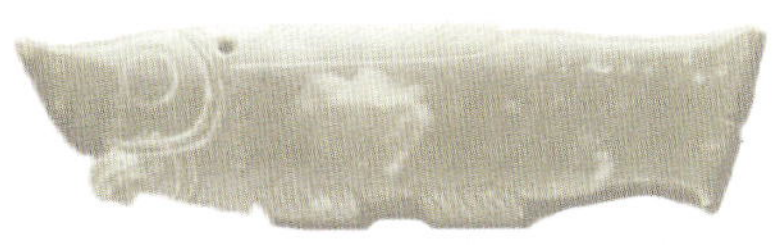

图书在版编目(CIP)数据

礼乐吉金:图说西周/胡振宇撰.—北京:商务印书馆,2016
(图说人文中国)
ISBN 978-7-100-12174-3

Ⅰ.①礼… Ⅱ.①胡… Ⅲ.①文化史—中国—西周时代—图集 Ⅳ.①K224.3-64

中国版本图书馆CIP数据核字(2016)第073537号

所有权利保留。
未经许可,不得以任何方式使用。

礼乐吉金——图说西周
胡振宇 撰

商 务 印 书 馆 出 版
(北京王府井大街36号 邮政编码100710)
商 务 印 书 馆 发 行
北京新华印刷有限公司印刷
ISBN 978-7-100-12174-3

2016年6月第1版 开本787×1092 1/16
2016年6月北京第1次印刷 印张 9¾
定价:36.00元

目录

导读

周朝是中国历史上继商朝之后的朝代，分为西周（前 11 世纪中期—前 771）与东周（前 770—前 256）两个时期。西周由周武王姬发创建，定都镐京（宗周）；成王五年营建东都成周洛邑，公元前 770 年，平王东迁，定都洛邑，此后的周朝称为东周。而东周又分为春秋和战国两个时期。周王朝存在的时间从约公元前 11 世纪至公元前 256 年，共传三十代三十七王。

周人是古老的农业部落，兴起于今陕、甘一带。传说其始祖名弃，为姜姓有邰氏女姜嫄所生，尧、舜时任农师之职，受封于邰（今陕西武功西），号后稷。弃死后，子孙世代为夏朝农官。传至公刘，率族人往豳（今陕西旬邑西）定居，发展农耕，势力渐兴。又传九世，到古公亶父时，因受薰鬻、戎狄的进攻，从豳迁岐山下之周原（今陕西扶风、岐山间）。周原土地肥美，适宜农作。商晚期时，古公在此兴建城郭、修房屋、分邑落、设机构，国号为周。后来古公被周人追称太王。古公卒，少子季历继位，是为公季。周势力发展，季历同商朝属下任姓挚氏通婚，加强与商关系。商王武乙末年，季历入朝，武乙赐以土地及玉、马等物。随后季历征伐西落鬼戎，俘获“十二翟王”。商王文丁时，季历进一步对诸戎作战，使周的势力深入今山西境内。文丁（一说帝乙）封季历为牧师（即方

伯）。或由于周的强大，引起同商的矛盾，季历终为商王所杀。季历之子昌继位，即周文王。文王曾与九侯、鄂侯一起为商纣王的朝臣，九侯、鄂侯遭纣杀害，文王被囚禁。文王获释后向纣献洛河以西土地，封为西伯。文王连续征伐犬戎、密须、黎、邗，最后灭崇，迁都沣水西岸造丰邑。诸侯多叛商归周。此时周已相当强大。文王死后，太子发继位，即周武王。即位第二年，武王兴师东至孟津伐商，因时机不成熟，暂时还师。公元前 11 世纪，周武王率戎车三百、虎贲三千、甲士四万五千，与商纣王七十万军队大战于牧野（今河南汲县）。周军大胜，纣王于鹿台身被珠宝玉器自焚，商朝灭亡。克商后，武王还师西归，在他新迁的都邑镐京（即宗周，今陕西长安西北沣水东）举行盛大典礼，正式宣告周代的建立。

武王死后，太子诵继立，即成王。成王年幼，曾辅佐克商的武王弟周公旦摄政。而管叔、蔡叔怀疑周公欲篡王位，散播流言，武庚也谋划复国，与管、蔡合谋叛周，纠集徐、奄、薄姑和熊、盈等方国部落作乱。周公奉成王命东征，经过三年讨伐，平定叛乱。武庚、管叔被诛，蔡叔被流放。为消弭商残余势力叛乱隐患，周朝先命诸侯在伊洛地区合力营建新邑，即周东都洛邑（成周）。东都既成，遂迁反周的“殷顽民”到此，加以控制。同时，封降周的商贵族微子于商故都宋（今河南商丘）；封武王少弟康叔于纣都，立卫国，赐以殷民七族；封周公长子伯禽以奄国地，立鲁国，赐以殷民六族。这样，商余民遂被分割，逐渐服从周人统治。

东都成周建成，周公还政成王，周朝进入巩固时期。传说周公制礼作乐，即指王朝各种制度的创立和推行。其中以周初分封最具深远影响。

周代国家实行分封制，即古书中所说的“封建”，而分封制的基础则是宗法。周朝分封诸侯，武王时就已开始，但大规模分封是在成王及康王时期。传说周初所封七十一国，其中与周王同为姬姓的有四十国。王季之兄太伯、仲雍后人封于吴（今江苏苏州）；文王弟虢仲、虢叔分别封于东虢（今河南荥阳东北）、西虢（今陕西宝鸡东）；文王子分别封于管（今河南郑州，早灭）、蔡（今河南上蔡西南）、霍（今山西霍县西南）、卫（今河南淇县）、毛（今地不详）、聃（今湖北荆门东南）、郜（今山东成武东南）、雍（今河南修武西）、曹（今山东定陶西）、滕（今山东滕州西南）、毕（今陕西咸阳西北）、原（今河南济源西北）、酆（今陕西长安西北）、郇（今山西临猗西南）；武王子分别封于晋（今山西翼城西）、应（今河南平顶山）、韩（今山西河津东北）；周公子分别封于鲁（今山东曲阜）、凡（今河南辉县西南）、蒋（今河南固始西北）、邢（今河北邢台）、茅（今山东金乡西北）、胙（今河南延津北）、祭（今河南郑州东北）；召公子封于燕（今北京）。除此，还有许多异姓诸侯国，如姜姓之齐（今山东临淄北）、子姓之宋等。西周分封，以宗法血缘关系为纽带，建立起周天子统辖下的地方行政系统，一定时期内起到了加强周朝统治的作用。分封制还为维护天子、诸侯、卿、大夫、士这一等级序列礼制的产生，提供了重要前提。而周初成康时期，周朝最为强盛。

周代国家把土地分授给耕种者，有井田之制。周代人们用耜耕作，耜是翻土的工具，周人流行耦耕，即两个人各执一耜，并肩耕作，所成的耕沟称为畎，耕田一亩长百步，宽一步，一步是六尺，正好容三畎三垄。授给每人的土地是百亩，即长百步，宽百步，称为一田。西周金文中常见赏赐土地以田为单位，即百亩的田。《周礼·小司徒》有“九夫为井”，也就是以九田组合为一井。理想的规划，是九田排成“井”字形，周围八田分由八家耕种，为私田；中央一田则大家合耕，收获归国家所有，为公田。井田制实质是一种农村公社，和行政组织、军事组织间都有不可分的关系。井田制下受田的农人，战争时就是服兵役的壮丁，他们作战所用器械、粮食、草料、牲畜，也由国家规定的井数来承担，是为军赋。

周代诸侯百姓贸易，要到指定的市场进行交易，还要遵守官吏管理，否则即属于非法。至于周人内部的交易，依据《周礼》，要有特设的市场，货物、牛马、兵器、珍异都在市上交易。商贾还有自己的组织，受管理市场的官吏控制。周代继承了商代的传统，使用贝币，单位是朋。金文里常记载用贝作为赏赐，最高数额为百朋。西周中期以后的金文，就出现有土地转让的事例，有的是交易或互换，有的是赔偿。

周礼非常繁缛，《周礼》记载有吉、凶、军、宾、嘉五礼：吉礼指对先祖与各种神祇的祭祀；凶礼指丧葬，还包括对天灾人祸的

哀吊；军礼指战争，以及田猎、筑城等动员大量人力的活动；宾礼指诸侯对王朝的朝见、诸侯间的聘问和会盟等；嘉礼指婚、冠、飨燕、庆贺、宾射等。周朝所有礼制都和法律一样，体现出贵贱等级的区分。乐在西周很受重视，有专门职官管理。周代一些乐舞起源很早，像《大武》为周武王克商所作，曾在武王凯旋告于周庙时表演。此一乐舞的歌词还保存在《诗经》中，就是《周颂》里的《武》《酌》《桓》《赉》等篇。

周朝人的宗教观念与商代有较大不同，商代的那种尚鬼的神秘色彩，到了西周时期已经淡薄。周代的祭祀对象分天神、地祇、人鬼三类，天神包括昊天上帝、日月星辰、司中、司命、风师、雨师；地祇包括社稷、五祀、五岳、山林川泽、四方百物；人鬼则是对祖先而言。周朝宗教思想的变化也表现在青铜礼器的纹饰上，商代流行的那种带有神秘意味的花纹，只延续了周初一段时期，到了西周中期，多数青铜礼器的纹饰都已图案化，除装饰作用外，极少再有宗教或神话的意义了。

周代的文献流传到今天的为数不多，《尚书》中出于西周的，计有《牧誓》《洪范》《大诰》《康诰》《酒诰》《梓材》《召诰》《洛诰》《多士》《无逸》《多方》《立政》《顾命》《康王之诰》《吕刑》《费誓》等篇，其内容的时代自周武王到穆王，而以成王时占大多数。这十几篇记述了周初的史事和政治情况，有重要历史价值。《逸周书》也有些篇目属于西周，例如《克殷》《世俘》《商誓》《度邑》《作雒》《祭公》《芮良夫》等，都是有关西周时期的重要史料。在有着巨大文学价值的《诗经》里面，还包括有很多西周时的作品，其中有的是来自民间的民歌，例如《豳风·七月》等；有的则是用于朝廷庙堂，收在《雅》和《颂》中。这些《诗经》里的诗歌或者反映当时社会状况，或者描写历史事迹，或者对朝政进行颂扬及讽刺。此外，《诗经》里面还记录有许多草木虫鱼的名称，分类繁细，表明周人对动植物的认识。再有《诗经》里面也出现了星宿名称，表明西周时期在天文历法方面的进步，《十月之交》还记录下周幽王六年（前 776）一次日食的月日干支，而且还涉及此前半个月的一次月食。而在《尚书·洛诰》里记载周成王建洛邑时曾绘有地图。

周代青铜器的铸造继承了商代的传统。周代的青铜礼器、乐器、兵器等，是周文化的重要特征之一。各个诸侯国的铜器也多有发现。周代铜器是中国古代青铜器发展的一个重要阶段，这一时期青铜冶铸技术日趋成熟，铜器种类和数量均有大幅增长，并有许多铸工精湛的艺术珍品传世，而且这一时期的铜器多有长篇铭文。因此，周代铜器研究对于说明周代社会的历史、文化、艺术等均有重要意义。

西周青铜器在今天从北起辽宁、内蒙古，南到江西、湖南、四川，东到山东半岛，西达甘肃、宁夏等一大片地区均有发现，其中以周王畿所在的陕西出土最多。周代贵族大臣铸造的铜器，在西周铜器中占的比例很大，这是周代王朝政治经济力量较强的反映。各个诸侯国的器物，以姬、姜两姓国的发现为多，比如像鲁国、卫国、燕国等，其他一些诸侯国的铜器数量相对少一些。边远地区的青铜器，则带有其地方特点。此种地方的青铜礼乐器多受中原影响，有些模仿中原器物的形制，有些则是直接由中原传入。其他如兵器、工具等更具有地方色彩，像一些特殊的器形或纹饰，比如江苏、安徽等地青铜器物多用鸟形装饰并采用几何形纹，四川的青铜兵器多用三角形援的戈。

周代青铜器在西周时期一般分为三期。早期相当于武王至穆王时期，中期相当于共王到夷王时期，晚期相当于厉王到幽王时期。西周早期青铜器是商代青铜器的继续和发展，这一时期青铜器的器形制造凝重而结实，花纹造型庄严，处在青铜器的鼎盛阶段。中期的青铜器开始有了简朴的趋势，而铭文则多长篇，内容多格式化。晚期的青铜器以简朴为主，制作方面也出现了简陋的迹象，铭文继续长篇。这些周代青铜器的铭文，对周代历史的研究有着重要的价值。周代青铜器在西周时期冶铸技术有进一步提高，开始使用一模翻制数范技术。

周代与统治阶级密切相关的礼玉、饰玉种类增多。周代玉器种类主要有璧、琮、管、珠、佩、琀、串饰、勒、瑗、环、玦、圭、璋、柄形器、戈、带钩、镜架、匕等，多为礼器，少部分是生活用具。玉器作为显示贵族身份的装饰物，与佩饰者朝夕相伴，君子无故，玉不去身。玉器象征君子之德，有七德、九德、十一德之说。玉器在商代多立体玉雕，周代尚留有余痕，制作则更为精致。

其精美之作，令人叹为观止。

中国是世界上最早使用天然漆的国家，商周时代漆器工艺便很发达。周代漆器的使用范围更广了，技术也大有提高，并且出现了地方风格。这一时期，漆器制作分布范围广，品种大增，制作水平提高，色彩也更为丰富，图案纹饰繁缛而有规律。

周代以前的商代曾经出现有带嵌铸陨铁的青铜器，到了周代也继续有所发现。在河南浚县辛村发现有一钺一戈，都带有陨铁制成的刃部，两器时代属于西周早期，两件器物在铁刃的基部都特制成一定形状，用以确保固定在青铜部分里面。这说明周代对陨铁的性质已经有了进一步的了解。

周代的丝织生产，不仅在《诗经》中出现不少篇幅描述了蚕桑生产的情景，在考古出土中也发现了当时的丝织品，并且证明《周礼》及金文里描述的“黹”即刺绣的存在。陕西宝鸡茹家庄的西周中期墓葬里发现丝织品上带有刺绣，且有鲜明的红、黄颜色，说明当时的制作水平已经进一步发达。

周代到厉王在位期间，各种社会矛盾趋于激化，最后达到爆发的境地。周人西北的戎狄，不时入侵；曾臣服于周的东南淮夷也不堪忍受压榨，奋起反抗。周厉王连年征伐，战乱不止，给民间带来深重的疾苦，终于酿成国人起义。公元前 841 年，国人大规模暴动，周厉王被迫出走到彘（今山西霍县）地。召公（召穆公虎）、周公（周定公）两大臣代为行政，号为“共和”（一说由诸侯共伯和摄行政事）。

公元前 781 年，幽王继位。周幽王任用好利的虢石父执政，朝政腐败，激起国人怨恨，加上此时天灾频发，周统治内外交困。引致西周灭亡的直接原因是幽王废掉正后申侯之女及太子宜臼，另以嬖宠美人褒姒为后，以其子伯服为太子。宜臼逃回申，申侯联合缯国和西方的犬戎攻打幽王。周幽王与伯服都被犬戎杀死在戏（今陕西临潼东）地。公元前 771 年，西周覆亡。周幽王死后，申侯等目的达到，此时郑、卫、晋等诸侯的勤王之师也已赶来，于是申侯、缯侯与外面的郑、卫、晋等诸侯里应外合，大败犬戎。众诸侯立幽王原太子宜臼为王，是为周平王。与此同时，虢公翰等大臣立王子余臣为王，史称“携王”，这样就出现了“二王并立”。平王二十一年（前 750），晋文侯杀携王，结束了二王并立的局面。

立国篇

文王演易

周文王是商代末年西方诸侯周人之长，姓姬，名昌，是周季历之子。传说季历少时贤德，其父想传位给他，季历的两个兄长太伯、仲雍为了让位给他而奔走荆蛮，后来季历顺利继位。季历后再传位于昌。昌即位后，礼贤下士，又得到太颠、闳夭、散宜生、鬻熊、辛甲等臣属，从而使国势日强。姬昌和九侯、鄂侯一起，在商王朝任三公。后商纣王杀九侯、鄂侯，把心怀不满的姬昌囚禁于羑里（今河南汤阴北）。

古书记载姬昌在被囚羑里时，因困于忧思，“益《易》之八卦为六十四卦”。西汉司马迁《史记·太史公自序》中有“昔西伯拘羑里，演《周易》”之语，就是说周文王（姬昌）在被拘禁时，据伏羲先天八卦演绎而成后天八卦（即文王八卦），进一步推演为六十四卦并作卦辞和爻辞的。《周易》是古代群经之首，是一部用阴阳学说描述和揭示宇宙内在本源规律的书。近些年来，在岐邑所在的周原发现的西周甲骨上，就有与《易》卦有关的数字。依此看来，周文王演卦之说或许有所根据。

羑里城遗址在河南省汤阴县，北距安阳市区 15 公里，号称是有史可据、有址可考的中国历史上第一座监狱所在。因商代末年，姬昌遭纣王疑忌，被囚禁于此，纣王杀其子做成肉汤迫其喝下。姬昌患难发奋，拘演《周易》。后来，其子姬发（周武王）发兵讨伐纣王，灭掉商朝，建立周朝。武王追尊姬昌为文王。

遗址高出地表五米多，面积达一万余平方米。内含河南龙山文化和商、周时期的文化遗存，古柏约 40 株。后人在此建文王庙，庙坐北朝南，始建年代失考，元代及明、清曾多次重修。现存古建多为明嘉靖二十一年（1542）重修。羑里城主要建筑有演易坊、山门，近年来又重新恢复了大殿、拜殿、演易台、洗心亭、玩占亭、吐儿冢，还有御碑、文王易碑、岣嵝碑等明、清碑碣十余通。1963 年河南省人民委员会公布为省第一批重点文物保护单位；1996 年国务院公布为第四批全国重点文物保护单位。

商纣囚姬昌于羑里后，周人以宝马、美女贿赂纣王，求得释放姬昌。昌获释后，向商王献洛西之地，并请除炮烙酷刑，得以任为西伯，即西方诸侯之长。(《封神演义》演绎为西伯侯)

姬昌归国，谋商之心并无松懈。一方面倡导生产，制"有亡荒阅"之律，大肆搜捕逃亡奴隶，增强周族实力，使周附近一些部落归附。一方面进行武力扩张，天下诸侯渐归附于周。西伯昌曾使虞(今山西平陆北)、芮(今陕西大荔南)两国争讼和解，从而更加提高了威望。《尚书》载，周先讨伐西方犬戎及密须(今甘肃灵台西南)等小国，以固后方，接着东伐耆(今山西长治西南)、又讨邘(今河南沁阳)，最后伐崇(今陕西长安西北)，并在其地修建新都丰，深入到商王畿势力范围。西伯昌自岐邑迁都于丰，后卒

河南汤阴演易坊

河南汤阴美里城

于程（今陕西咸阳东北），葬于毕（今陕西咸阳东北），相传在位五十年。

西伯昌晚年时，周人的势力已经非常强盛，有所谓“三分天下有其二”之说，但姬昌终身没有称王。其子武王伐纣后，始追尊称其为文王。

武王伐纣

周部落兴盛于姬昌做首领的时候，姬昌使周部落势力强盛。昌长子伯邑考为商纣王杀害，昌死后次子发即位，就是周武王。姬发继位后，便将周都从丰迁到镐，即宗周（今陕西长安西北）。

姬发继位之后，继续积极准备灭商，任命姜尚为军师，负责军事；南宫括为元帅，武吉为将军；任命其弟周公旦为辅佐，负责政务；任命召公、毕公等人为助手。即位第二年，姬发抓住时机，率兵会盟军于孟津（今河南孟县西南孟津），传有八百诸侯不期而会，要求讨伐纣王。姬发认为时机尚未成熟，还师归周。此后，商纣王继续淫乱，大臣微子劝谏无效出走，比干强谏被杀，箕子亦被囚。商王统治分崩离析，于是，武王起兵，联合庸、蜀、羌、髳、微、卢、彭、濮等西及西南方国部落，渡孟津与诸侯会，作《太誓》以谴纣恶。在甲子日凌晨，姬发率戎车三百，虎贲三千，甲士四万五千与商朝七十万大军（“七十”非具体数字，乃中国古代代表“至大无极”的一种神秘数字）决战于牧野（今河南淇县南），又作《牧誓》，号召决战。发命太公率先犯敌，大军随即冲击，纣军倒戈。纣王见大势已去，逃登鹿台身被珠宝玉器自焚而亡，商灭。因周部落自古公亶父时迁居周原，发灭商后，就以“周”为朝代名，周代建立。周武王成为周王朝的开国之君。

武王灭商后，分其王畿为邶、鄘、卫，设三监加以治理。继而派兵征讨商在各地残余势力。据载共伐九十九国，共六百五十二国向武王臣服。武王分封宗室功臣，像太公封于齐，周公封于鲁，召公封于燕，亦封前王之后，像焦、祝、蓟、陈、杞等。

利簋

西周早期 通高 28 厘米 口径 22 厘米 重 7.95 公斤
1976 年 3 月陕西省临潼县零口乡西段村周代青铜器窖藏出土
初由临潼县博物馆收藏 现藏中国国家博物馆

为巩固统治，武王返周后选定伊水、洛水一带夏人故地，准备立新都邑，但不久即逝，未能实现计划。武王死后，其子成王继位并由周公辅佐，终于同召公一起建东都成周（今河南洛阳）。

利簋又名武王征商簋、檀公簋，为周武王时名利的“右史”（官名）所作，是当今所知最早的一件西周青铜器。簋深腹，圈足，圈足下附方座。双兽头耳垂珥。腹和方座饰兽面纹、夔纹，圈足饰夔纹，都以云雷纹为地，方座平面四角还饰有蝉纹。簋口腹内底有铭文 4 行共 32 字。铭文内容记载武王伐纣这一历史事件，战事参加者利记战事时间及获胜，铸器以资纪念檀公。铭文有：“珷征商，隹甲子朝，岁鼎，克昏夙有商。”珷就是武王的合文。这段铭文大意是：周武王征伐商纣，在甲子日早晨，岁星正当其位，宜于征伐，因而很快就占有商国。对于铭文中的“岁鼎”，有不同解释。有人认为“岁鼎”即岁贞，指贞问一岁之大事；有人认为“岁鼎”为越鼎，即周武王伐纣得鼎，但一般多主张指岁星而言。利簋铭文中的甲子纪时，不仅为西周铜器断代提供了重要的标准，也证实了《逸周书·世俘》的“甲子朝”、《尚书·牧誓》的“时甲子昧爽”的记载并非没有根据。

利簋铭文拓本

文字篇

吉金铸史

周代的青铜器，包括青铜礼器、乐器、兵器等，是周文化的主要特征。西周青铜器是中国古代铜器发展的一个重要阶段，这一时期的青铜冶铸技术日趋成熟，铜器种类和数量均有较大增长，有许多铸造精湛的艺术珍品传世，而且这一时期的青铜器多有长篇铭文，对于研究西周时期的历史、文化、艺术等都有重要意义。

青铜器铭文，又称金文、钟鼎文。由于铜器的制作大多有纪念价值，因此刻写者也较用心，比起甲骨文，金文就像是装饰体。西周时期铜器多铭文，且多长篇，其中西周晚期毛公鼎有铭文 32 行共 499 字，为现存铭文最长的一件青铜器。

毛公鼎

西周晚期　通高 53.8 厘米　口径 47.9 厘米　腹围 145 厘米　重 34.7 公斤
传清道光末年出土于陕西岐山　现藏台北故宫博物院

毛公鼎铭文

毛公鼎　鼎因器为毛公所作而得名。鼎口沿下有两周弦纹，中填重环纹。立耳高大，半球状腹，兽蹄形足。鼎铭记述周宣王诰诫，是一篇完整的册命。全文可分五段：其一，追述周代文、武二王开国时，君臣相得、政治清平的盛况，接着用怆怀时事的语言，描述作鼎时时局不宁。其二，宣王策命毛公治理邦家内外。其三，给予毛公宣示王命的专权，着重申明凡未经毛公同意之王命，毛公可预告臣工不予奉行。其四，为周王对作器者的告诫勉励之辞，诫勉其不要壅塞民意，不要鱼肉鳏寡。其五，赏赐与对扬。为明确毛公职权，赏毛公以鬯、服、车、兵。毛公表示感谢和称颂周天子的美德，作鼎以为纪念。毛公鼎铭是研究西周晚期政治史的重要史料。

毛公鼎铭文拓本

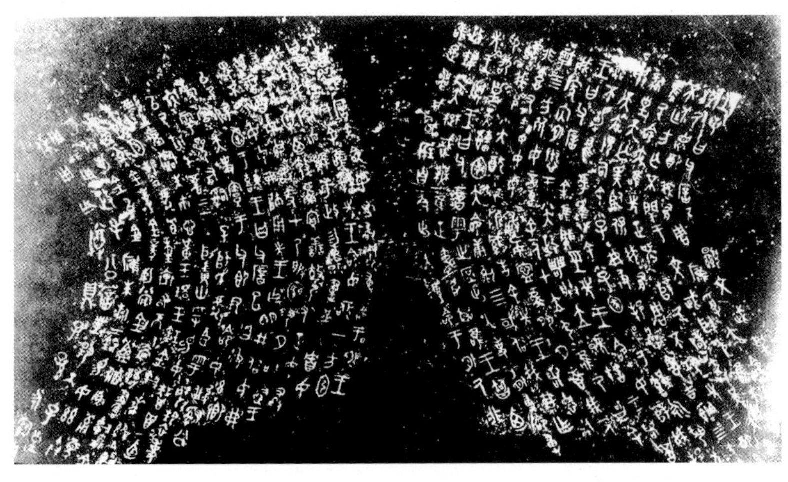

毛公鼎全形拓

毛公鼎相传是清道光三十年（1850）陕西岐山县董家村村民董春生在村西地里挖出，有古董商闻名而来，以白银三百两购得，运鼎之际，被另一村民董治官所阻。古董商以重金贿知县，治官被下大狱。鼎运县府，被古董商悄悄运走。后毛公鼎又辗转落入西安估人苏亿年之手。咸丰二年（1852），苏亿年载之入都，时金石鉴赏兼收藏家潍县陈介祺寓京，遂购得之。至咸丰四年（1854）介祺归里，光绪十年（1884）介祺抱病月余后卒于家。介祺昔日得宝，曾制铭文拓本寄贻至好，为数有限，此后便由家内散出。拓本一时辗转传播，遂为权势垂涎。宣统二年（1910）鼎归直隶总督端方，辛亥年端方为镇压四川保路运动入川，在资州因兵变被杀。毛公鼎亦流出，数易其主。其间美国人辛普森欲以五万美金购出国境，受到国人阻挠。1925 年鼎归冯恕、郑洪年、叶恭绰共有，1930 年归叶。抗战爆发，宝器辗转乱世，险陷日寇之手，一度南下香港，最后复归沪上。至 1942 年巨贾陈永仁以黄金三百两向叶秘密购得。1945 年抗战胜利，陈乃将毛公鼎捐献给政府，隔年由沪上运南京，藏于中央博物院。1948 年，国民党政府退守台湾，毛公鼎也随之迁往，现藏台北故宫博物院，为台北故宫镇馆之宝。

陈介祺收藏毛公鼎时，秘不示人，仅以自家所制拓本出售，且售价高昂。陈氏传拓技术精湛，所拓精品，皆钤藏印。拓本文字部分，形状怪异。这是因毛公鼎铭密布鼎腹之内，鼎腹又呈半球状，传拓上纸时，无法展平。如硬将器腹铭文一次拓出，拓本不皴即破。所以拓器者采用逐块拓取进而拼接的方法，形成两侧的双弧。

传拓是用纸和墨从铸刻器物上捶印出其图案及文字，其成品称为拓本或拓片。据考证最早在汉魏之间，晚亦不过南朝齐梁，中国古代就已经产生了这门技艺。"全形拓"又叫"立体拓"，它是一种以墨拓为主要手段，辅以素描、剪纸等方法，将青铜器物的立体形状完美复制在纸上的特殊传拓技法。陈介祺使用"分纸拓"方法，即将器身、器耳、器腹、器足等部位的纹饰、铭文分别墨拓，然后以笔蘸水撕掉多余白纸，最后按事先画好的图稿，把拓完的各部拓片拼粘在一起，使得全形拓技法得到进一步发展。民国以后一些匠人还将西方传入的透视、素描等方法应用到墨拓当中，并用墨色来体现光线明暗变化，使所拓器物图像的立体感更为增强。这种方法墨拓的器物的器形与实物达到完全一致，纹饰清晰，铭文规整，效果逼真，赏心悦目，为重铸器物往日辉煌写下浓重一笔。

陕西岐山对今人来说，是一片神奇而古老的土地。不光出有毛公鼎，其他同被誉为晚清四大国宝的大盂鼎、虢季子白盘、散氏盘，皆出于此。

大盂鼎　西周早期青铜礼器中的重器。因作器者为西周康王时的大臣盂而得名。同出的还有一小盂鼎。大鼎内壁铸铭文 291 字，为康王二十三年在宗周对盂的册命。册命从"王若曰：盂，丕显文王，受天有大命"起，至"畏天畏"止，用较多文字说明商人纵酒是商灭亡和周兴起的原因，铭文中赞扬周文王、武王二王

大盂鼎

西周早期 通高 102.1 厘米 口径 78.4 厘米 腹径 83 厘米 重 153.5 公斤
清道光初年陕西岐山礼村出土 现藏中国国家博物馆

盛德，其内容可与《尚书·酒诰》相互对照。接着记述王让盂接续其父祖官职，并赏赐盂以鬯卣、命服、车马以及大量臣民奴隶，并勉励盂要终身管理诸戎之事。对于赏赐给盂的奴隶，铭文中记载:“锡汝邦司四伯，人鬲自驭至于庶人六百又五十又九夫，锡夷司王臣十又三伯，人鬲千又五十夫。”“人鬲”是指战争中俘虏来的奴隶，包括“自驭至于庶人”。“驭”是指家内奴隶，可以看出庶人地位是在家内奴隶之下。至于“邦司”“夷司王臣”，应是指管家奴隶。整篇铭文最后是王勉励盂要克己奉公，不要辜负王的信任。盂为感谢周王册命，称扬王的美德，因而制作祭祀其祖南公的宝鼎。大盂鼎铭开始称“王若曰”，其他处称“王曰”，反映了周初史官代替周王宣布册命的制度。铭文中所记商代侯甸之制以及赏赐奴隶的情况，是研究西周早期历史的重要资料。同出的小盂鼎与此鼎系一人所作之器。原器已逸，仅传铭文拓本。铭文记述盂受命两次征伐西北强族鬼方，俘获告庙，受到周王的赏赐，也是西周早期历史研究的重要史料。

大克鼎

西周晚期　通高93.1厘米
口径75.6厘米　腹径74.9
厘米　重201.5公斤
传清光绪十六年（1890）
在陕西扶风法门寺任村出土
现藏上海博物馆

大克鼎全形拓

小克鼎全形拓

大克鼎　又名善夫克鼎。同出者尚有小鼎七件，皆为一人所作之器，因此也称大鼎为大克鼎，小鼎为小克鼎。大克鼎和一件小克鼎现藏上海博物馆。克鼎铭文记述周王赏赐给作器者克以大量土地及臣妾等史实，是研究西周历史的重要史料。大克鼎口沿饰窃曲纹一周，腹饰环带纹，足饰饕餮纹。腹内有铭文 28 行 290 字。整篇铭文可分为前后两个部分：前半主要是作器者克追述其祖师华父臣事其君，因而受到周王眷宠，并对周王献祝嘏之辞；后半为作册尹代周王宣读的一篇册命，主要讲周王令克出纳王命，并赐以命服、土地和臣妾等。所赐土地，都称为田于某，即指明在某处的土地，同周初那种赏给田几田之类小块土地者不同。这是研究西周晚期土地制度的重要资料。大克鼎铭文字体特大，端正质朴，铭文上半整齐的长方形格，一字一格，行款疏密有致，又是金文书法艺术的巨篇。小克鼎中最大的一件形制、花纹与大克鼎相似，有铭文

72字，记周王二十三年王在宗周，命膳夫克去巡视，整顿驻在成周的军队，也就是成周八师。克因此作宝鼎以祭祀其皇祖，祈求万年无疆。

大克鼎全形拓的墨色，凸出的浓，凹下的淡。器形上大下小的，墨色就由上而下逐渐由浓而淡。洼槽形的，两边色浓，中间渐淡。凸出一条半圆形的棱（俗称“泥鳅背”），中间色要浓，两边逐渐淡。鼎耳须拓四面。要把耳的后面拓全，并要分出正面和背面，表现出拓工对器物造型的精准拿捏。器身的浮雕、纹饰等，皆表现出高超的拓裱技巧。

两件大鼎之中，大盂鼎出土后经估人销往北京琉璃厂肆，几经辗转到左宗棠手。后左遭诬陷，召京问罪，时任工部尚书的潘祖荫搭手相救。左为答谢潘恩，将大鼎赠予。大克鼎出土后则

大克鼎在展出

流入津门，被金石家柯昭忞得到。潘祖荫与柯又是旧交，于是再用重金购入克鼎。如此两件宝物均为潘收入帐下。祖荫去世，大鼎由其弟祖年携回姑苏故里，祖年去世，鼎归其第三代孙媳潘达于。抗战爆发，为防宝物落入日寇之手，大鼎又深埋入地。至1951年潘达于乃将两鼎捐献给政府，而政府将前者拨往北京，后者留驻上海。

虢季子白盘　目前所知体积最大的西周铜器。盘是周宣王为表彰虢国名季子白者征战北方猃狁有功而赏赐之物。形状为长方形，四面各有二兽首衔环，四足作矩形。腹饰环带纹，口饰窃曲纹。腹内有铭文8行111字。铭文中记载，(周宣王)十二年正月，虢国的子白奉命征伐猃狁“于洛之阳”。折首、执讯，立下战功，斩首一百人，俘获五十人。周王褒奖子白，在周庙的宣榭举行献禽、饮至之礼，来庆贺战功并赐子白以乘马、弓、矢、钺，使他可以专任征伐蛮方。虢季子白因而作盘以为纪念。铭文中的“薄伐猃狁”“折首”“执讯”“是以先行”等句，可与《诗经》中《采薇》《出车》《六月》《采芑》等篇所记史实相互对照，是研究西周晚期历史的重要资料。

虢季子白盘

西周晚期　长130.2厘米　宽82.7厘米　高41.3厘米　重215.3公斤

传清道光年间陕西宝鸡虢川司出土　现藏中国国家博物馆

邮票上的虢季子白盘

盘的流传收藏亦有一段故事。1821 年，江苏常州阳湖人徐燮钧于陕西郡县县长任内得到虢季子白盘，徐卸任后将盘带回故里。咸丰十年（1860），太平军攻克常州，随后忠王李秀成率师东征苏嘉，护王陈坤书守常州。淮军刘铭传奉命截击太平军，护王撤守，铭传进城。一日晚间，刘巡视士卒经护王府，听到战马笼套上铁环碰在马槽上，发出异乎寻常的清脆之声，想马槽必非寻常之物，即命亲兵举灯探看，时灯光微弱，看不真切。次日清早，刘铭传命人将马槽洗刷干净，果见槽呈现青铜色，内铭文历历可见。经识者鉴别，方知是虢季子白盘。刘得此珍宝高兴异常，随即将其运回安徽肥西故里刘老圩，并在内建一座六角小亭，将盘置于其中，并亲撰《盘亭小录》以志其事。日后铭传后人为避战乱，将盘埋入地下，直至 1949 年。时国家政务院电告皖北行署，要求查明盘的下落，皖北郭崇毅前往刘老圩，终使国宝重见天日。1950 年 2 月，铭传曾孙刘肃曾从安徽肥西故居刘老圩地下将盘掘出，运至合肥，连同其他四件文物一起在市文化馆公开展出一月，前来一睹国宝尊容的人士络绎不绝。后盘再由刘肃曾护送到京，郭沫若为此特亲笔赠诗一首：

虢盘献公家，归诸天下有。
独乐易众乐，宝传永不朽。
省却常操心，为之几折首。
卓卓刘君名，传诵妇孺口。
可贺孰逾此？寿君一杯酒。

1954 年，虢季子白盘还被收入《伟大的祖国》邮票一组中，这应是青铜器作为邮票图案发行之最。

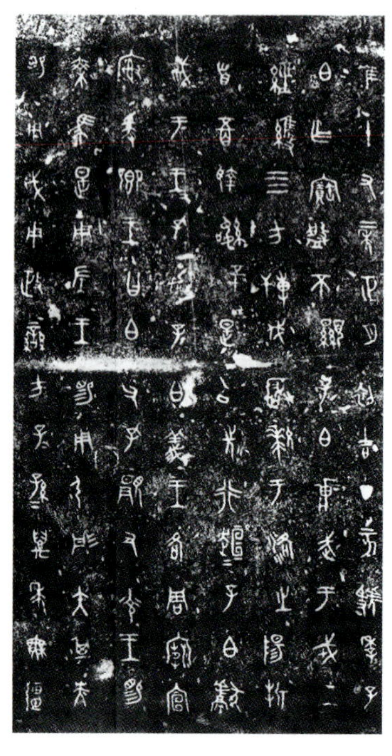

虢季子白盘铭文拓本

1956 至 1957 年在河南三门峡上村岭发掘了 234 座虢国墓葬，其中 38 座出土有铜器，共出土 181 件礼乐器，其余为兵器和车器。由所出青铜器上的铭文证明器主为虢国贵族，进而证明上村岭墓群为虢国墓葬。在 1631 号墓出土有一青铜鬲，器主为“虢季氏子段”，同旧著录的一件鼎铭“虢文公子段”者为同一人，器属于周宣王时的西虢。虢季子白盘亦属西虢青铜器。这件青铜鬲说明当地的虢，如《水经·渭水注》记载，是西虢随周室东迁而更封。

分期断代

西周早期青铜器是商代铜器的继续和发展，周初器物的铸造通用合范法，多较厚重。纹饰崇尚繁缛，流行饕餮纹、夔纹、不分尾鸟纹、蚕纹、直纹、乳钉纹，不少器物有凸起较高的扉棱和大角的兽首形附加装饰。铭文上，商代常见几个字的族氏铭文，这时期已出现长篇铭文，字体多有明显的波磔。总之，这时期青铜器形制作凝重结实，花纹造型庄严典重，仍属青铜器的鼎盛阶段。到西周中期，青铜器有简朴的趋势。早期常见的方鼎、觚、爵、角、觯、觥、卣等，已减少甚至消失。列鼎及编钟开始出现，器形也有了明显的变化，鼎的柱足逐渐向蹄足过渡，腹呈长方扁形。花纹方面，带状的花纹增多，流行顾首的夔纹、分尾的鸟纹、窃曲纹、变形夔纹，瓦纹开始盛行。铭文上，族氏铭文罕见，长篇铭文更多，内容则多格式化。字体波磔渐少，较早书写谨饬，稍晚趋于疏散。这一时期青铜器有明显的过渡性特点。西周晚期的青铜器以简朴为主，铸造上也有粗陋苟简的迹象。列鼎、编钟件数增多。在器形上，鼎足几乎全为马蹄形足。纹饰上面，夔纹、鸟纹已绝迹，常见的纹饰是窃曲纹、重环纹、波带纹、瓦纹等。铭文上则多长篇，由于文字长，有的器物往往盖器连铭或数器连铭。行款排列较整齐，字体没有波磔，笔画起讫粗细如一。

金文的内容，虽然多属于与祀典、赐命、征伐、契约等有关的纪事，但从文字学及历史学的角度来看，它具有很高的史料价值。许多西周铜器铭文，不仅对古文字研究，而且对当时历史的探索有珍贵价值。有关西周重大历史事件的铭文数量很多，记载武王伐商的有利簋，记载兴建成周的有何尊，概述西周前期史事的有史墙盘，关于宣王“中兴”的有毛公鼎，等等。有关当时社会经济的铭文也很多，例如涉及土地制度的有卫盉等多器。此外，还有大盂鼎中所记的“人鬲”等。特别是有些青铜器可据铭文内容推定属于周代某王而成为标准器，如周武王时的利簋、天亡簋，周成王时的伯矩鬲、何尊，周康王时的大盂鼎，周穆王时的班簋，周共王时的史墙盘，周厉王时的宗周钟，周懿王时的卫盉，周宣王时的大克鼎、虢季子白盘、毛公鼎、颂壶等。

天亡簋　曾称大丰簋，朕簋，聃簋。侈口，直腹，圈足连铸方座，腹壁铸有四只内卷角兽首耳，下有宽厚的长方形垂珥，显得稳重大方。圈足饰弯角鸟纹一周，器腹和方座的四壁饰浮雕蜗体兽纹。这种兽纹，身体蜷曲像蜗壳，中伸利爪，置于头下，头顶触角，长鼻上卷，口内獠牙，形象怪异。这种纹饰出现在周代早期，成王、康王以后即消失，极具时代特征。

天亡簋

西周早期　通高 24.2 厘米
口径 21 厘米　清道光末年
陕西岐山礼村出土
现藏中国国家博物馆

天亡簋铭文拓本

簋底铸铭文 8 行 78 字，记述乙亥这天武王举行大丰祭典，祭告文王和上帝，由于文王的佑助，终于克商胜利，天亡助祭卖力，得到武王赏赐，铸造簋以记荣宠。可以说利簋记载了武王克商的胜利，而天亡簋则记载武王克商胜利后大祭先祖，尤其是“丕肆王乍续”，是对周文王遗训的验证，也可以说，天亡簋是周武王遵从文王遗训的佐证。

伯矩鬲　器物造型为立耳，三袋形足，有平盖，盖上前后对称地饰一对同形的牛首，牛角翘起，与鬲耳相抵。在两牛首相接的中线位置铸一环钮，钮的两面饰一小型的立体牛首。全器装饰立体与浮雕的牛首共 7 个。内壁和盖铸相同铭文，盖内 4 行 15 字，颈内壁 5 行 15 字。铭文中记载："才（在）戊辰，匽侯易（赐）伯矩贝，用乍（作）父乙宝尊彝。"大意为：在戊辰这天，匽（燕）侯赐贵族伯矩一笔钱，伯矩用这笔钱铸造这件铜器，以此表示对其父的纪念。鬲造型十分精美，主体纹饰皆为高浮雕，艺术设计和铸造工艺高超，是周初青铜器中的杰作。

伯矩鬲

西周早期　通高 33 厘米　口径 22.9 厘米　1974 年北京房山琉璃河 251 号墓出土
现藏首都博物馆

伯矩鬲铭文拓本（器）

何尊　何尊亦有一番现代传奇。最初是出土于陕西宝鸡贾村塬一名叫陈湖的农民家中，时其未认为此是文物，而置于家中阁楼之上。后因天灾，度日艰难，便将其卖至废品收购站，换回 30 斤玉米。收购站的文物信息员告之当时的宝鸡市博物馆，于是此器被用 30 元钱征集到馆。在二十世纪 70 年代，该器参加国家文物局在北京举办的“全国新出土文物汇报展”，当专家在对其进行除锈保护时，意外发现器内底部有铭。此一发现使器身价倍增。因铭中写明其主人名何，所以被定名为何尊。

尊体作深圆筒形，圆口外侈，方唇，腹中部微鼓。通体饰四道高扉棱，透雕棱脊。口沿下以棱脊为间隔，饰蝉纹和卷曲蚕纹四组。腹部花纹分两段，上作浮雕饕餮，巨目咧口，神奇威严，双角翘出器外。下亦为饕餮，唯形象与上不同。全器均以云雷纹填地，富有变化，器形庄重厚实。器内底部有铭文 12 行，残损 3 字，现存 119 字。铭文大意是：周成王“初迁宅成周”福武王。四月丙戌成王在京室告诫小子，你的父亲辅佐周文王很有贡献，文王受到上天授予的统治天下的大命，后武王攻克大邑商，曾祭告于天说，我建都在这天下的中心，从这里来治理人民。王在结束他的训诫以后，把三十串贝赏赐给宗小子何。于是，何把自己光荣地受到王的接见和赏赐铭铸在器上，以祭祀他的父亲公氏。时在王第

何尊

西周早期 通高 38.8 厘米 口径 28.6 厘米 底长 19.8 厘米 底宽 20.2 厘米
重 14.6 公斤 1963 年陕西宝鸡县贾村出土 现藏宝鸡青铜器博物馆

何尊器底铭文

何尊铭文拓本

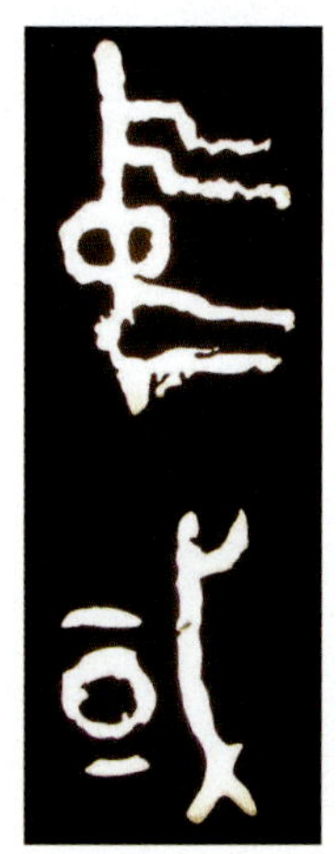

何尊铭文“中国”

五年，王就是成王。何尊铭文中所示重要者：其一是“宅”。宅即是迁都，或曰营建都城。其二是“中国”一语的出现。铭中“中国”，是说洛邑居天下四方之中。《召诰》中说：“王来绍上帝，自服于土中。”“土中”和“中国”意思相同，说明周已把洛邑称为“地中”“土中”和“天下之中”。其三是“成周”的出现。成王五年营建成周洛邑的史实，与《商书·多方》等互为补充，是研究周初历史的重要史料。何尊出土地点，西周时曾是夨国封地，从而对考察何尊的归属，夨国与周王室之间的关系提供了依据。

班簋　敛口卷唇，低体垂腹，矮圈足。四耳饰兽首，下垂长珥作为支柱，并连接着四个内卷象鼻形足，将簋体悬起。口沿下饰两道弦纹，中饰火纹，腹部饰内卷角兽面纹。器造型别致，簋中鲜见。内底有铭 20 行 198 字。铭文大意是：穆王命令毛公，夹辅王位，监管繁、蜀、巢三个方国并率师讨伐东国，吴伯作为左师，吕伯为右师，班率族众随父出征，三年平定东国之乱，毛班因功受赏，铸器纪念。毛班之名，见于《穆天子传》。有关穆王时代伐东国之事，史无记载，此簋铭文内容可补史籍的不足。此簋何时何地出土无考，原著录于《西清古鉴》卷十三，清乾隆年间已入皇宫，为清宫旧藏。1900 年八国联军侵占北京时散出。“十年浩劫”“破四旧”，书画被烧，瓷器被砸，铜器古籍被送到废品站、造纸厂。1972 年北京市物资回收公司有色金属供应站从废铜中拣出此器的残余，时已四足全毁，器身去半，幸留铭文，知为文物，再经修复，使班簋重生。

班簋

西周中期　通高 22.5 厘米　口径 25.7 厘米　原藏清宫　1972 年北京市物资回收公司有色金属供应站从废铜中拣出　现藏首都博物馆

《西清古鉴》所绘班簋

班簋残器

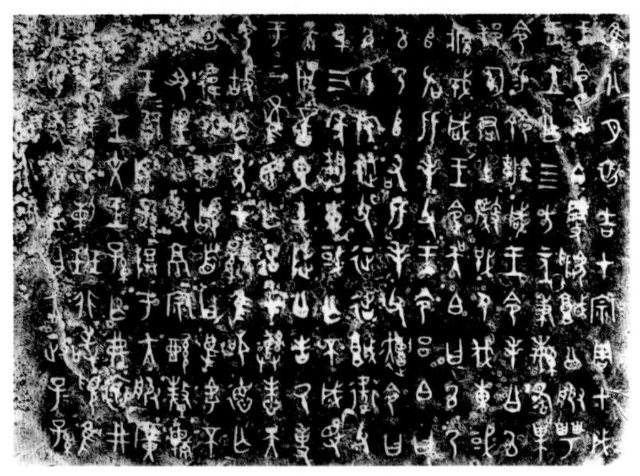

班簋铭文拓本（修复后）

班簋在首都博物馆新馆展出

史墙盘　双附耳，腹饰垂冠分尾长鸟纹，圈足饰窃曲纹，均云雷纹填地。盘铭在腹内底部，铭文 18 行 284 字。盘为微氏家族中名墙者为纪念其先祖而作。因作器者墙为史官而得名。盘铭记述西周文、武、成、康、昭、穆六王的重要史迹以及作器者家世之事，对于研究西周的历史极为重要。铭文内容可分前后两部：前部歌颂文王至穆王的功德，后部为墙自叙其家族自远祖以来历事周王朝的历史。微氏家族世代为周王室的史官，有人认为即微子之后，乃商之遗民。文献所载武王灭殷以后，微子启降周，并使其子来见周武王。铭文末说，墙为赞扬其先祖并祈求多福，而作器以为纪念。

墙盘是近年所见西周铜器中铭文字数多、字迹清晰、史料价值重要的青铜礼器。它的发现，补充了许多世人无法知晓的史实。如微氏家族，始由微氏的高祖，下至微史墙前后六代人的事迹。不仅如此，墙盘铭文还纠正了《史记》的一些讹误。如《史记·宋微子世家》记载："周武王伐纣，克殷，微子乃持其祭器造于军门，肉袒面缚，左牵羊，右把茅，膝行而前以告。于是武王乃释微子，复其位如故。"相信是司马迁误信了楚人传言，故而编造一些假象。微子启降武王的真实情况，当如墙盘铭文所载，微子启先派其长子、即盘铭中的"刺祖"作为使者前去拜见武王，这显然是微子启投降的具体行动。武王接受了微子启的投降，命周公把他的家族安置在周邦畿内某地，即今陕西扶风一带，作为其采邑，恢复他在商的卿士爵位，并授予一定的官职。

史墙盘

西周中期 通高 16.2 厘米 口径 47.3 厘米 深 8.6 厘米
1976 年陕西省扶风县庄白村 1 号窖藏出土
现藏陕西省扶风县周原博物馆

古文字学家于省吾、胡厚宣、张政烺（盘前右起）在周原摩挲史墙盘

史墙盘铭文拓本

宗周钟　考古发现的周厉王王器仅三件，其中一件就是台北故宫博物院收藏的宗周钟。宗周钟最大特征是钟身两面共装饰 36 枚高凸的长形乳钉纹。钟鼓上饰首纹，篆间饰两头兽纹，舞上饰窃曲纹，甬上饰夔纹。正面钲间 4 行，鼓左 8 行，背面鼓 5 行，共 17 行 122 字。

商代的钟形乐器，如钲如铙，它们的口皆朝上，钟体用长柄支起而敲奏；西周起渐皆改为钟口朝下，钟柄加环以便悬挂而奏，成为习见的“甬钟”形式。

宗周钟

西周中期　通高 65.6 厘米　舞纵 23.1 厘米　横 30 厘米　两于相距 26.2 厘米　两铣相距 35.2 厘米　重 34.9 公斤　现藏台北故宫博物院

宗周钟上铭文

宗周钟全形拓

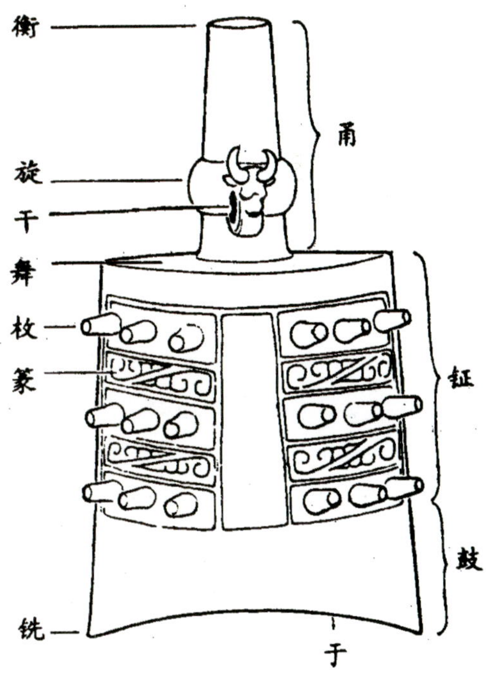

青铜钟各部位名称

卫盉

西周中期　通高 29.5 厘米　口径 19.5 厘米　重 7.1 公斤　1975 年陕西省岐山县董家村一号青铜器窖藏出土　现藏陕西省岐山县博物馆

卫盉　盉为酒器兼水器，与酒器组合盛水以调酒味浓淡，与盘组合作盥沐用。分档，束颈，口沿边外翻，下为三深袋形腹，有鋬与盖相套接，下有柱足。盖缘与器颈部饰回首花冠龙纹，盖上饰弦纹一道，腹部有两道折线纹，流管饰三角雷纹，鋬首为浅浮雕兽首，下饰卷云纹。盖内铸铭文 12 行 132 字，是一篇研究西周中期土地制度和社会经济的重要史料。铭文大意是：共王三年三月，共王将在丰邑举行建旗典礼接见诸侯和下臣。贵族矩伯将参加这一典礼，因缺少朝见所需的礼器和饰物，便向裘卫要来“瑾璋”（玉礼器）1 件，价值 80 朋，双方商定以“十田”偿付。此外还取了赤玉的琥 2 个、鹿皮披肩 2 件、杂色蔽膝 1 件，价值 20 朋，以“三田”偿付。裘卫把此事报告给执政大臣伯邑父等人，他们便命令三有司到场主持移交田地。这篇铭文记述表明，到西周中期时，土地已经可以用来抵偿债务了。

卫盉器盖铭文

卫盉铭文拓本

颂壶　周宣王时代的史官名颂者所作。器口缘饰环带纹，腹饰蛟龙纹，足饰垂鳞纹，两兽耳衔环，盖腹饰窃曲纹，足饰鳞纹。器盖同铭，铭文各21行152字。同铭之器尚有簋5件、鼎3件、壶1件。旧藏热河行宫，颂壶与毛公鼎、宗周钟和散氏盘同为台北故宫的镇馆之宝。

颂壶

西周晚期　通高63厘米　腹深44.4厘米　口径21.2×16.9厘米

底径24.3×31.7厘米　腹围107厘米　重32.4公斤　现藏台北故宫博物院

颂壶　器与盖

颂壶器全形拓

颂壶盖全形拓

颂簋　民国年间出土于陕西，同出的还有颂壶、颂钟。簋器盖、器身内各铸一相同铭文，共152字。簋出土后器盖分离，流散于山东省黄县和青岛，二十世纪50年代初，分别入藏山东省博物馆，盖身重圆，得以完璧。颂簋铭文大意是：周某王三年五月甲戌黎明，颂在镐京见周天子，史官宣命颂掌管成周仓库等职，同时赐颂礼服、蔽膝、旌旗、马具等物。颂受册命后以玉璋作为礼品呈献周王。事后铸簋以感怀周天子德。

颂簋
西周　通高30厘米
现藏山东省博物院

颂簋铭文拓本

西周铜器铭文还有一大部分记述册命，详载器主觐见周王，受封官职，并得到赏赐的经过。典型的例子可举颂鼎和膳夫山鼎。由册命铭文，不仅可以了解当时封赏的礼仪，而且可以探讨西周官制以及通过舆服反映出来的等级制度。

稽古篇

周原再现

《诗经·大雅·绵》谈及周人早期历史时是这样写的:“古公亶父,来朝走马。率西水浒,至于岐下。”古公亶父,又称作“太王”,是他率领周人部落从戎狄杂处的豳地迁到了土地肥沃的岐山脚下(今陕西省宝鸡市岐山县境内)。自此之后,这支来自西方的族群定名为“周”,而以岐山为中心的地区也正式定名为“周原”。于是,周人便开始了由“西土之人”迈向“万方之王”的伟大征程。

周人的发祥地岐山,位于陕西省岐山、扶风两县北部东西约3公里、南北约5公里的地带。自西汉宣帝神爵四年以来,这里就不断有西周铜器出土,且历代不绝。其数量之巨、精品之多、铭文内容之重要,均居全国之首。被誉为晚清四大国宝的毛公鼎、大盂鼎、虢季子白盘、散氏盘等重要铜器,均于清代末年出自这片神奇而古老的土地。

散氏盘

西周晚期 通高20.6厘米 深9.8厘米 口径54.6厘米 底径41.4厘米 重21.31公斤 传清乾隆初年出土于陕西凤翔 现藏台北故宫博物院

散氏盘铭文拓本

散氏盘　亦名散盘，以铭文中有“散氏”而得名。有人认为作器者乃夨人，故又称为夨人盘。盘铭文详细记载了核定土地径界及誓盟经过，是研究西周孝王、夷王以后土地制度的重要史料。

散氏盘附耳，高圈足。腹饰夔纹，间以兽首三，足饰变形饕餮纹及窃曲纹。腹内有铭文 19 行，每行 19 字，其中除几个字已锈蚀不可辨外，可识 357 字，是一篇完整的契约。铭文大意为：因夨国侵害了散国的土地，故付土地给散国以为赔偿。夨人付与散人的土地共有两块，一块是眉地之田，一块是井邑之田。铭文对田的位置、四界、某封、某树，均作了详细记述。在叙述划定田界后，列记双方参加定界、盟誓的人名，其中夨国 15 人，散国 10 人。接着记述订约时间和盟誓内容。盟誓说：我既付给散氏田器“夨田”“墙田”，将来若是爽约，愿意承受惩罚。周王朝中管理讯讼的大臣也参与盟誓，以为佐证。铭文为说清眉田、井邑田的径界四至，列举出不少地名。清代以来，不少人曾对其地望作过考释，但往往失于附会。近年以来，考古工作者通过调查发掘，推定夨国应在陕西千河流域的千阳、陇县、宝鸡一带，因此赔偿土地的位置应当也在这一带。

散氏盘是西周铜器中的重器，为周厉王时器，盘铭可谓信史，而盘的流传过程也颇为曲折。散氏盘据传清代乾隆中叶出土，为江南一藏家购得，长期存放扬州。清学者阮元考证后，定名“散氏盘”。到嘉庆十五年（1810）冬，时任两江总督阿毓宝从一盐商手上购得此盘，入贡皇宫，为嘉庆五十寿贺。历经道光、咸丰、同治、光绪、宣统各朝，因管理不善，竟无人知其下落，以致讹传盘毁于火烧圆明园而失踪。民国十三年（1924）三月，逊清内务府为核查养心殿陈设，由罗振玉等清点仓库，此盘竟被意外发现。初以为是赝品，后经与拓本比对，才知确属真品无疑。溥仪知后，立即命人墨拓六十份，分赠臣属，王国维也获赠一份。溥仪被逐出宫，国立故宫博物院成立，盘成为故宫文物。早在散氏盘出土不久，即有仿制品面世，阮元就在扬州模仿铸造了两个，以致日后章太炎据此认定金文为伪作。

散氏盘全形拓

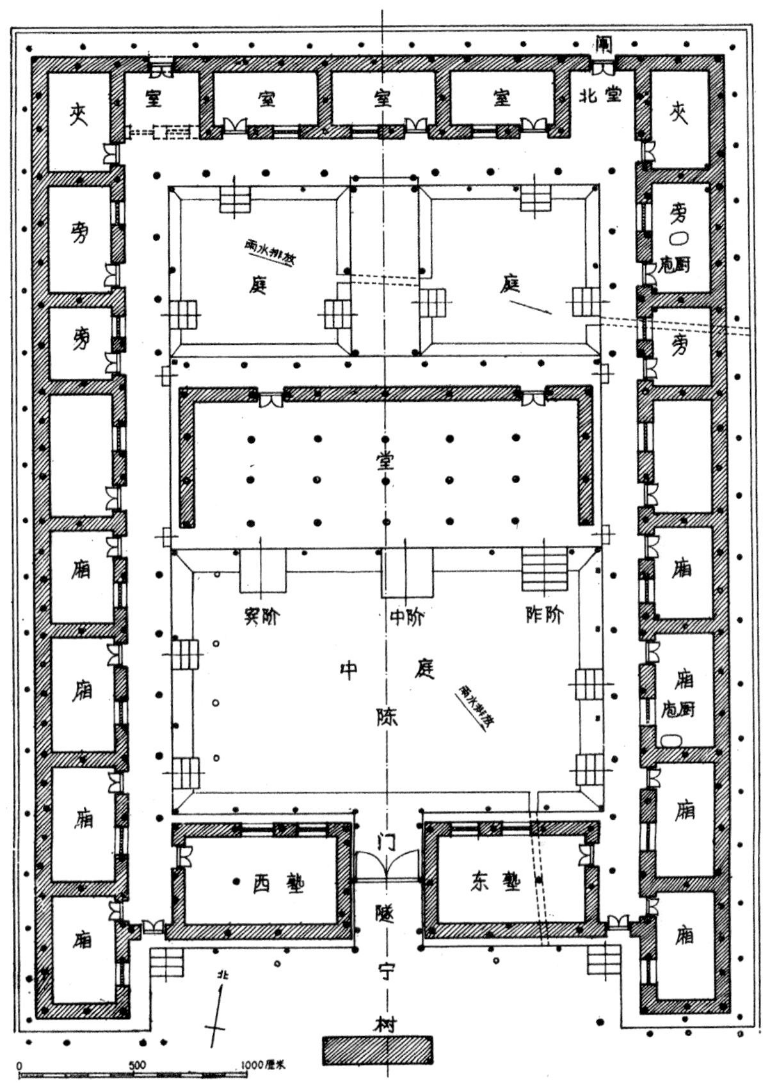

岐山县凤雏甲组建筑复原平面图

自1976年起，陕西省文物管理委员会与北京大学、西北大学的考古专业就联合对周原遗址进行较大规模的发掘，揭露出一批大型夯土建筑基址，还发现有西周时期的甲骨和多起青铜窖藏。已发掘的建筑基址有岐山凤雏和扶风召陈两处。凤雏建筑基址是坐落于东西宽32.5米、南北长43.5米、高1.3米的夯土台基之上。以门

道、前堂、后室为中轴，东西配置厢房各八间，建有回廊相连接，形成一座前后两进、东西对称的封闭性院落。院落中前堂是这组建筑的主体，东西长 17.2 米，南北宽 6.1 米，台基上面有排列整齐的柱洞，东西 7 行，南北 4 行，进而知道前堂面阔六间，进深三间。建筑物的地面、墙面均用细泥掺和砂子、石灰涂抹，使之光洁坚硬。另外，还发现有两条用陶水管或卵石砌成的排水管道，能将院内积水排出院外。在召陈村已经发掘出了 15 个夯土建筑基址，它的布局不按中轴对称，总体规划并不严谨。其中的 3 号、5 号和 8 号基址规模较大，保存也好。3 号夯土台基东西长 24 米，南北宽 15 米，残存高度 0.73 米，台基上东西有 7 排柱础，南北有 5—6 排柱础，还有两道隔墙，将台基分隔为三间。8 号夯土台基略小，东西 8 排柱础，间距 2.5—3 米，南北 4 排柱础，间距 3 米，台基周围有宽 0.5—0.55 米的卵石散水。召陈的建筑物屋顶大都有瓦覆盖。在遗址中也发现很多各式板瓦、筒瓦和半瓦当。

岐山县凤雏甲组建筑遗址复原图

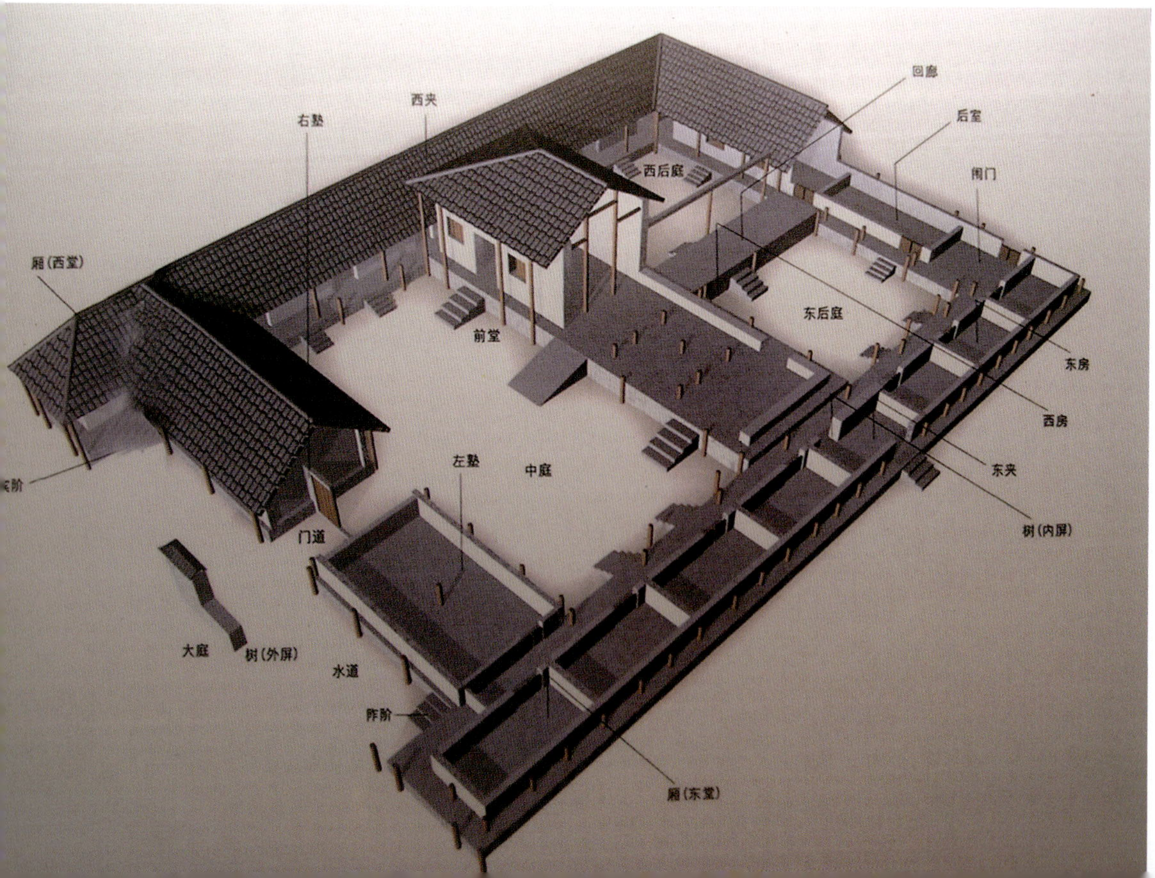

周原的这类大型建筑，有人认为可能是当时贵族宅院，也有人认为是周人的宗庙或宫殿建筑。从出土的陶器来判断，它的年代都属西周中、晚期。其中凤雏的大型建筑基址覆盖着一层很厚的红烧土，表明它是被火焚毁的。

近百年来，周原遗址不断发现有青铜器窖藏。据不完全统计，历年发现的铜器窖藏已近三十余起，出土青铜器达千件，其中近百件有三五十至一二百字的铭文。青铜器制作的年代多属西周中、晚期。重要的发现如：1890 年，扶风法门寺附近的任家村，出土厉王时期的克组铜器和中义父组铜器等 120 余件。1933 年，法门寺附近的上康村，发现厉王前后的函皇父组铜器和白鲜组铜器等 100 余件。1940 年，任家村再次发现厉王时期铜器 100 余件。传 1942 年任家村所出的有铭文 205 字、记述周王命禹率兵平定南淮夷和东夷反叛事的禹鼎，据实地调查就应出自 1940 年的窖藏。1960 年，扶风县齐家村发现西周晚期铜器 39 件。其中 7 件柞钟和 2 件几父壶均有铭文 40 余字，内容都涉及奴隶赏赐。1974 年，扶风县云塘附近的强家村，出土西周中期的铜器 7 件。1981 年，扶风县云塘附近的下务子村，出土西周晚期的师同鼎，有铭文 54 字，内容涉及征伐鬼方。这些青铜器窖藏的发现，为周代历史的研究提供了丰富的资料。

卫簋　同坑出土四件，应该是一人所作。形制、花纹、铭文、大小均相同。侈口鼓腹，圈足连铸方座，双耳呈卷鼻象头形。器腹及禁四壁饰分解式分枝角兽面纹，圈足饰花冠卷尾凤纹，盖上饰倒置的分枝角兽面纹。盖器同铭，各 57 字，记载周王在康宫对卫进行赏赐，卫为感谢和称颂周天子，而作器以为纪念。这四件簋与“裘卫四器”时代相同，作器者均名为卫，他们是否是一个人，尚待研究。“裘卫四器”是 1975 年于岐山县京当董家村出土，此次共出青铜器 37 件，铭文一二百字的有 5 种 16 件。其中年代属恭王前后的卫簋、卫盉、五祀卫鼎和九年卫鼎（即所谓“裘卫四器”），是研究西周晚期土地交换和赔偿的重要史料。

卫簋

西周中期 通高 31.6 厘米
口径 21 厘米 1973 年陕西省长安县
马王村西周窖藏出土
现藏西安市文物保护考古所

卫鼎 鼎有两件，同坑出土。一件五祀卫鼎，一件九年卫鼎，铭文内容不同，但形制、花纹、大小则基本相同。立耳，直壁，腹较浅，底近平，柱足较细。颈部饰雷纹衬地的变形式首体卷曲纹。由于长期使用，外壁和底部都积有很厚的烟炱。五祀卫鼎内壁铸有铭文 207 字，记载周恭王五年正月裘卫和邦君厉进行土地交易，对于研究西周中期社会经济和土地制度有着重要意义。

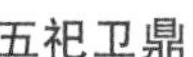

五祀卫鼎

西周晚期 通高 36.5 厘米
口径 34.3 厘米 1975 年陕西省
岐山县董家村西周窖藏出土
现藏陕西历史博物馆

倗匜　青铜器的器形是匜，却自名为盉，造型颇有特色。宽流直口，虎头平盖，兽首鋬，四足呈羊蹄形，这在已知的西周青铜匜中从未见过。口缘饰分体变形式兽体卷体纹和一道弦纹，此类纹饰在西周中期开始逐渐成为青铜器的主要纹饰。器盖有子口，器盖为一次性浇铸。器底有近方形铸缝，范缝四角都在器物四足中心处转折。鋬首与器腹无铸缝，应为同时铸造。内底及盖有铭文共 157 字。铭文可视作目前中国发现最早、最完整的一篇诉讼判决书，享有中国“青铜法典”的美誉。

倗匜
西周晚期　通高 20.5 厘米　腹深 12 厘米　腹宽 17.5 厘米　长 31.5 厘米
重 3.85 公斤　1975 年陕西省岐山县董家村西周窖藏出土
现藏陕西省岐山县博物馆

铭文的内容大致是：牧牛和他的上司为五个奴隶打官司，从而触犯当时的刑律，判官伯扬父起先判牧牛打一千鞭子，并且处以墨刑。最后决定大赦，只打五百鞭，罚铜三百锊（古代重量单位）。伯扬父还命令牧牛立誓。倗胜讼后，用得来的铜做了这件水器，用以纪念这件事。《左传·昭公六年》：“夏有乱政而作《禹刑》，商有乱政而作《汤刑》，周有乱政而作《九刑》。”九刑主要

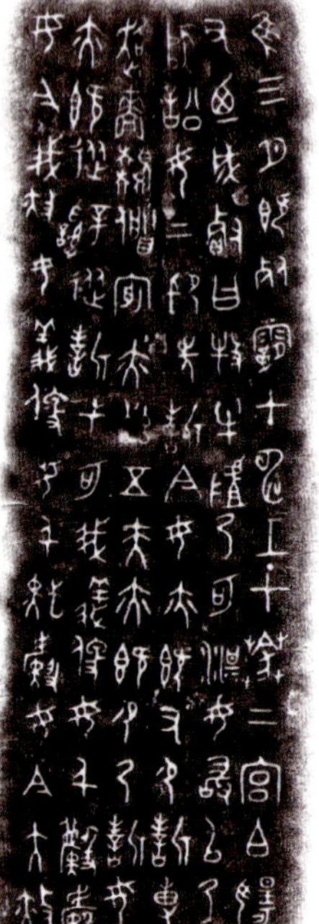

倗匜器底铭文及拓本

倗匜器盖铭文及拓本

指周代几种刑罚，分别是墨刑（脸上刺字）、劓刑（割掉鼻子）、刖刑（砍去双脚）、宫刑、大辟（砍头）和扑、鞭、流、赎等刑罚。周代司法活动中比较重视证据，倂匜铭文中所记盟誓，实际上是作为诉讼、判决的证据而“铭”之于器，以示郑重。同时，铭文中所涉及的鞭刑、墨刑和赎刑与文献的记载是相吻合的。

㺇簋　造型和装饰极具匠心，在当时流行的侈口带盖下腹倾垂的双耳簋上，精心构图，深镂细雕。盖和器均饰垂尾式垂冠大鸟纹，两两对峙，通体填以缜密的雷纹。双耳作立体竖冠昂首凤鸟形，足作垂珥，是西周中期青铜器中一件具有高度艺术水平的佳作。器、盖各铸相同铭文 11 行 134 字，记载了伯㺇率师抗击淮戎的经过。铭文大意为：某年六月乙酉，伯㺇率领官属和武将们抵御淮戎的侵扰和敌人搏战，杀死敌人一百，生俘两夫，俘获兵、盾、矛、戈、弓、箭、箭袋、盔、甲等一百三十五件，救出被戎掳去的人口一百一十四人，搏斗完毕，㺇未受伤，因而感激先母强干敏捷的美德保佑了他，作此簋让子子孙孙永远纪念自己的祖先。

㺇簋

西周穆王　通高 21 厘米　口径 22 厘米　腹深 12.5 厘米　重 5 公斤

1975 年陕西省扶风县庄白村西周墓出土　现藏扶风县博物馆

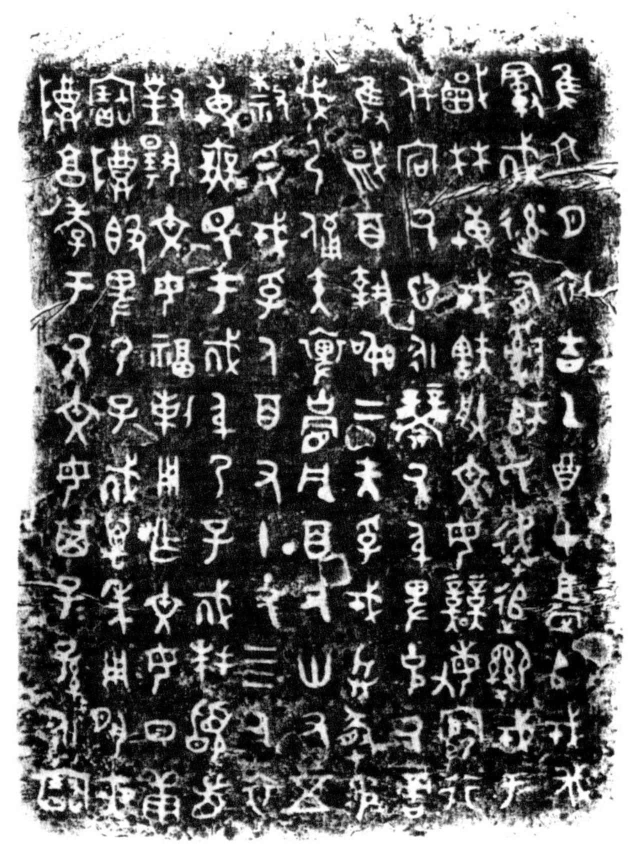

𢦚篡铭文拓本

从簋的铭文中可以看出，周代在西北方面常被戎所侵扰，而在东南方面又常需抵御和征伐淮夷。因为淮夷较为富饶，所以周代十分注重南国，而对于北方的戎只是防守罢了。

1976 年 12 月，扶风县法门公社庄白大队白家生产队群众平整土地时，发现了青铜器。通过周原考古队的发掘，了解到这是一个西周青铜器窖藏，编号为庄白一号窖藏。窖藏出土青铜器 103 件，其中 74 件有铭文，主要是以史墙盘为代表的微氏家族铜器。铭文显示这批铜器多属于微氏四代人，年代包括西周早中期的昭、穆、恭、懿、孝诸王时期，为西周铜器的断代研究提供了可靠的标尺，也是研究西周历史、家族史的珍贵资料。

旅父乙觚

西周早期 1976 年陕西扶风庄白村西周窖藏出土 现藏周原博物馆

1976 年陕西扶风庄白村青铜器出土情况

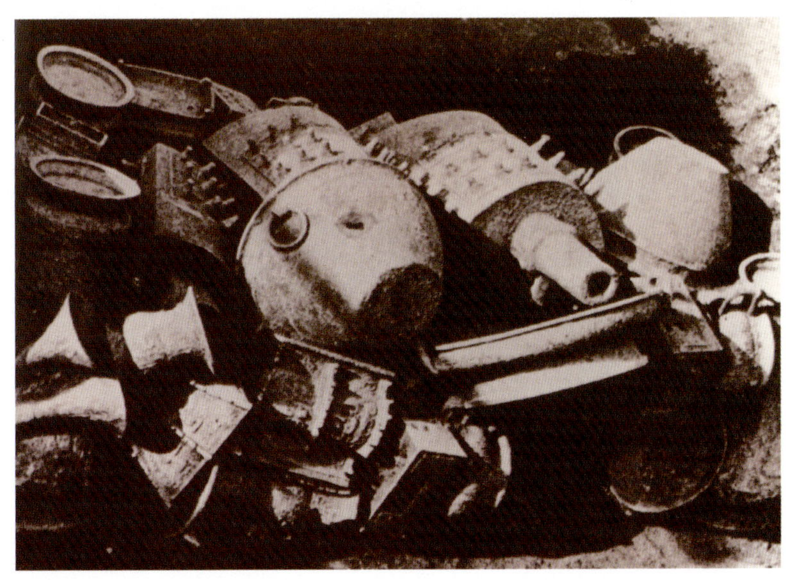

周原青铜器窖藏之中都包含有西周晚期的器物，因此推测其被埋藏的年代只能是在这一时期。埋藏青铜器的窖穴为圆形袋状或长方形，坑壁未加修整，可以认为是仓促挖成。窖穴内埋藏的青铜器也不是造于一时，往往层层叠压，大小套合，放置较乱，还有用草木灰填塞的。究其原因可能是西周末年犬戎入侵，贵族们仓皇逃走时埋入地下的。

㝬簋　现知商周时代青铜簋中最大的一件，有“簋王”之称。侈口，方唇，耳高 43 厘米，两耳间距 75 厘米，铸成透雕龙首形，珥亦为下垂的龙首。器身下有方座，出土时已残碎，经修复后重 60 公斤，体形高大魁伟，造型凝重大方。颈及圈足饰攀连式兽体卷曲纹，腹和方座饰直棱纹，方座上部四角饰变形兽面纹。腹底铸有铭文 12 行 124 字，生动地再现了周王在祭祀上天、祖先时庄严神圣的场面。

㝬簋

西周晚期　通高 59 厘米　口径 43 厘米　腹深 23 厘米　最大腹围 136 厘米
1978 年陕西省扶风县齐村出土　现藏扶风县博物馆

周代祭祖礼仪在内容与方法上同商代基本一致，关乎征战庆功、筑建宫室、宴飨宾客、葬礼葬仪等均要祭礼天地先祖。祭祖时主要礼仪有：供奉上装有祭馔的青铜礼器，并将牛、羊等供奉于神主座前，同时敲钟奏乐，以此表达对先祖的崇敬之心。㝬簋铭文记载了厉王在宗庙尊祖配天之祭中的祝辞。铭文大意是：周厉王自称昼夜不敢安逸享乐，率领官吏及百姓宣扬称颂先王并以礼祭于祖庙。作此宝簋，以丰富的祭品厚待有文德又有功业的先宗列祖，希望祖先保佑周王室和㝬的王位。这篇祝辞与典籍中所记述的西周祭祀制度，相互印证了周人顺应天命、尊祖敬大的思想。

多友鼎

西周晚期 通高 5.15 厘米

口径 50 厘米 1980 年 11 月出土于

陕西省长安县下泉村

现藏陕西历史博物馆

多友鼎　西周晚期流行的鼎型。立耳，圜底，腹微敛，蹄形足。腹内壁铸铭文 22 行 275 字。铭文记录了西周晚期周朝与玁狁部族的一次战争。某年十月，玁狁进犯京师，周王命武公派遣多友率兵抵御。在十多天里，共打了四仗，都取得了胜利。周朝军队追击玁狁，计斩首 300 余人，抓获 28 人，俘获战车 127 乘，并救回被掠去的周人。武公将战绩报告周王，周王予以重赏，多友铸造宝鼎纪念。铭文叙述了战争起因，发生的时间、地点，周朝将领的名字，军队的组成，战事的发展，战争的结果。通篇文章简练流畅，为研究西周时期的战争史和西周与玁狁的关系，提供了重要史料。

多友鼎铭文拓本

周原遗址青铜器窖藏最近一次大发现是在 2003 年 1 月 19 日，陕西省宝鸡市眉县马家镇杨家村所在的渭北黄土台塬。村中一户人家盖房，约好五位村民同去取土，偶然发现一古窖穴，其中存有西周晚期的青铜礼器共 27 件，计有鼎 12 件、鬲 9 件、盉 1 件、壶 2 件、盂 1 件、盘 1 件、匜 1 件。除盂为西周中期制作外，其余均作于西周晚世的宣王时期。全部器物均铸有铭文，共约 3000 余字，其中逨盘铭文 372 字，为迄今所见最长盘铭；另外四十二年逨鼎有铭 25 行 281 字，四十三年逨鼎有铭 31 行 316 字，也都在字数最多的金文之列。器主多为“逨”，也有作“单叔”“单五父”等人名。这批窖藏青铜器形貌壮丽、铸造规范、纹饰华美，特别是有几件光洁少锈，仍维持原来状貌，所铸铭文对于同《史记·周本纪》相印证、确认西周王室世系具有至关重要的意义，诚为西周晚期的鸿宝重器。其中四十三年逨鼎一套十件，尺寸、重量由大至小，铭文记述了逨因治理林泽有功而被周王册封赏赐的情况。

陕西眉县杨家村西周青铜器窖藏远眺

陕西眉县杨家村西周窖藏青铜器出土情况

出土后的杨家村窖藏青铜器

杨家村窖藏出有单五父壶共一对，造型与纹饰皆同。壶长颈，垂腹，壶体横断面是椭角方形。长方形子口盖，两侧附龙首衔环耳。颈部饰环带纹及凸弦纹，腹部以凸起的双身龙首为主，辅以数条身躯相交的龙纹。圈足上为变体龙纹。纹饰华丽，铸工精湛。盖上铭文 4 行 17 字，口内铭文 4 行 19 字。

单五父壶

西周晚期　通高 59 厘米　口纵 14.8 厘米
口横 19.6 厘米　底纵 23 厘米　底横 30 厘米
腹长 36 厘米　宽 26 厘米　重 25 公斤
2003 年陕西省宝鸡市眉县杨家村出土

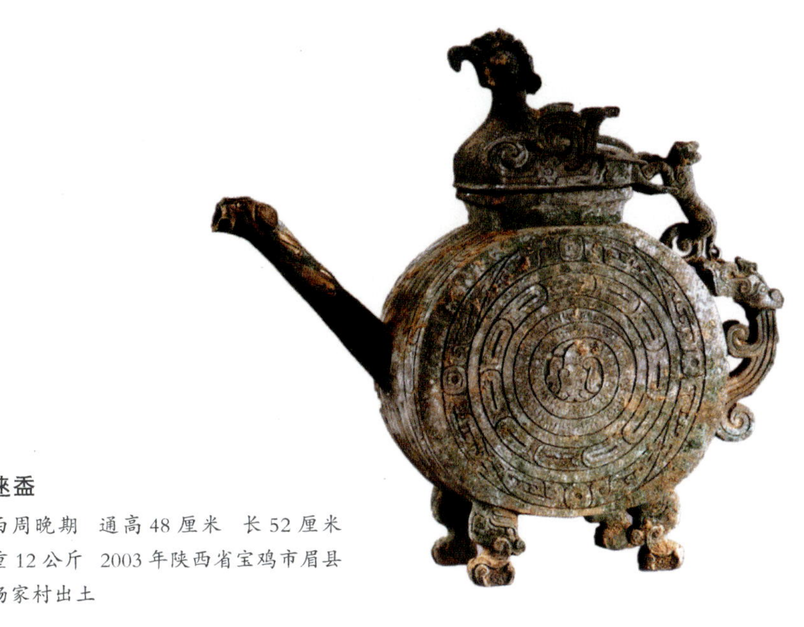

逨盉

西周晚期 通高48厘米 长52厘米 重12公斤 2003年陕西省宝鸡市眉县杨家村出土

窖藏中的盉是一件很特殊的扁盉，身为平圆形，长方形口，口上为凤鸟形盖，凤首高昂，双翼振展，器身与盖以虎形链及双耳相连。管状流，前部饰龙头。龙首形鋬，四龙足。在扁鼓形的器作中央有一蟠龙纹，环绕着重环纹与斜角云纹圈带。盖上饰一有冠张翼的伏鸟，以虎形链环同龙形扳连接。流端有兽首，四足也呈兽形。内壁有铭文3行20字。

青铜器的铭文是最有价值的，前人有言一篇长铭可抵一篇《尚书》，足见铭文的价值。窖藏中的逨盘有铭文共21行372字，是出土铭文最长的铜盘。

逨盘 方唇，折沿，浅腹，两附耳，两衔环圈足下附四兽足。腹及圈足饰窃曲纹，铺首为兽首衔环。器主逨在盘底的这篇铭文中，历叙其先世单公、公叔、新室仲、惠仲盠父、零伯、懿仲、龚叔的功绩，完整地叙述了西周十一代十二王的名号、位次和有关事件，而过去发现的史墙盘，也只追溯了文、武、成、康、昭、穆、恭七代，逨盘铭文使《史记》所载西周诸王世系得到系统的印证。

逨盘

西周晚期　通高 20.4 厘米　口径 53.6 厘米　圈足直径 41 厘米　腹深 10.4 厘米
兽足高 4.2 厘米　重 18.5 公斤　2003 年陕西省宝鸡市眉县杨家村出土

逨盘铭文

逨盘铭文拓本

单叔鬲（9件）

西周晚期 通高 15.3 厘米 口径 20 厘米 腹深 9 厘米 重 2.3 公斤

2003 年陕西省宝鸡市眉县杨家村出土

四十三年逨鼎（10 件）

9 件鬲器形矮小，大小相同。束颈，口沿外侈，弧裆近平，蹄形足。上腹饰窃曲纹，下腹饰变体龙纹，器身有三扉棱。

窖藏出有两组鼎，四十二年逨鼎有 2 件，其一通高 51 厘米，口径 43.5 厘米，腹深 22.7 厘米，重 35.5 公斤。其二通高 57.8 厘米，口径 48.6 厘米，腹深 24.4 厘米，重 46 公斤。两件器形、纹饰、铭文相同。器立耳，口沿平且外折，圜底，蹄足。口沿下饰变体龙纹，腹部饰波带纹，耳外侧是凹弦纹。器身铸扉棱十六，足根部外侧饰饕餮纹。内壁铸铭文 25 行 281 字。

四十三年逨鼎共 10 件，按大小排列，器高度分别作 58 厘米、53.6 厘米、49 厘米、45.6 厘米、36 厘米、32.6 厘米、27.4 厘米、27 厘米、24.4 厘米、22.6 厘米，按重量排列分别为 44.5 公斤、

四十二年逨鼎乙

四十二年逨鼎乙铭文

四十二年逨鼎乙铭文拓本

33.5 公斤、29.5 公斤、22 公斤、12 公斤、10 公斤、7.3 公斤、6.5 公斤、4.3 公斤、3.9 公斤。

两组鼎器形、纹饰相同，四十三年逨鼎中第九、十 2 件器形较小不能通篇记铸，而将全文分作两部分铸两器，其余 8 件则通篇铸铭。两组铭文，记述辅助宣王新封的杨侯（封地在今山西洪洞东南），战胜附近的戎人，从而得到周王升赏等事迹，足以与文献对照，增进对周宣王晚年史事的认识。

周人遗踪

自近代考古学的方法传入中国以后，人们就开始了对周人遗迹、遗物的发掘和研究。西周墓葬的大量发现、发掘是从二十世纪50年代开始的，此前只在河南浚县辛村和陕西宝鸡斗鸡台墓地进行过发掘。50年代以来发现了许多周代的遗址和墓葬，还发现过一批铜器窖藏，出土了相当数量的周青铜器。现今发掘的西周墓葬总数已近两千座，主要分布于陕西省西安、扶风、岐山、宝鸡，河南省洛阳、浚县，北京昌平、房山以及长江下游地区。这些墓葬集中反映了西周时期不同地区、不同年代、不同阶级和阶层在埋葬制度上的特点。重要的西周墓地像西安附近丰镐遗址中的张家坡西周墓地，周原遗址中的西周墓，宝鸡茹家庄西周墓，北京琉璃河燕国墓地和白浮西周墓，安徽屯溪西周墓和江苏句容、溧水、金坛等地的西周墓。西周墓葬出土铜器较多的，像陕西宝鸡茹家庄西周墓，河南浚县辛村卫国墓地，洛阳北窑墓地，甘肃灵台白草坡西周墓，北京昌平白浮西周墓，房山琉璃河燕国墓。其中宝鸡地近周人王畿，但出土的青铜器却带有地方特色，而北京琉璃河、白浮等地所出器物，则可看作是各诸侯国青铜器的代表。在铜器窖藏方面，周原铜器窖藏出土铜器最多，也较重要。

陕西长安张家坡井叔家族墓的 M163 及随葬铜器

河南洛阳西郊 1 号大墓附近的陪葬坑

周代墓葬的随葬品主要有青铜礼器、兵器、车马器、玉石装饰品、原始瓷器和漆器等。大墓的随葬品很丰富，有制作精致的成套青铜礼器，器形有鼎、鬲、觚、爵、尊、卣、壶、盘等，用鼎的多寡标志着墓主人社会地位的高下。早期青铜礼器在器形和纹饰上同商代晚期并无多大差别，到西周晚期青铜酒器大大减少，食器数量则有增加，器形和纹饰也有较大变化，墓葬中发现有三枚一套的编钟。在北京琉璃河等地还出土有周代的漆器，但大多腐朽，仅留痕迹。大墓和部分中型墓还附有车马坑，一般是于主墓附近另挖坑葬车马，少则一车二马，多则可达十多辆车、数十匹马。埋葬方式有二：一是整车埋葬，驭马卧于车辕两侧；另一是将车拆卸，零部件散放坑内，马的排列也不整齐。还有将车拆散于主墓内，而另挖坑葬马匹。车马坑内多有车马饰物，有的车马坑保存较好，痕迹清楚。

琉璃河遗址是商周时期重要遗址，位于北京西南房山区琉璃河乡。遗址东西横距 3.5 公里，南北纵距 1.5 公里。二十世纪 40 年代始发现。1962 年进一步调查并试掘，1972 年开始发掘。该遗址对研究燕国早期历史具有重要意义。

北京房山琉璃河 251 号西周墓随葬青铜器出土情景

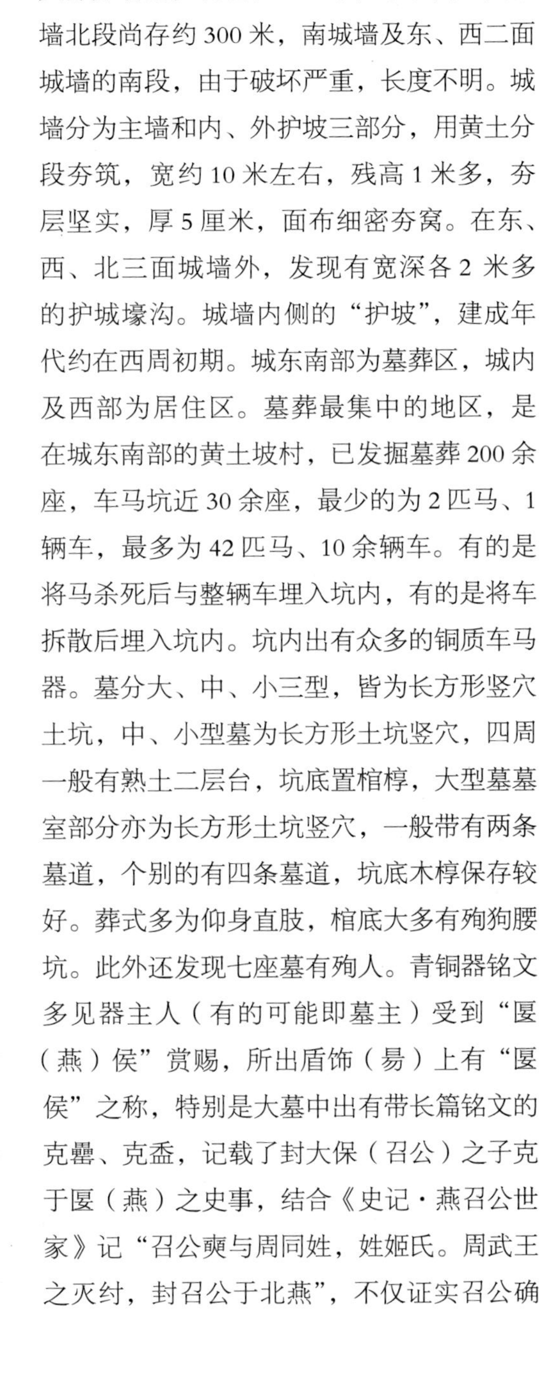

遗址包括古城址、墓葬区、居住址三部分。古城址坐落在遗址中部的董家林村，地面尚存北城墙和东、西二面城墙北半部的大部分墙基，北墙长 829 米，东、西二面城墙北段尚存约 300 米，南城墙及东、西二面城墙的南段，由于破坏严重，长度不明。城墙分为主墙和内、外护坡三部分，用黄土分段夯筑，宽约 10 米左右，残高 1 米多，夯层坚实，厚 5 厘米，面布细密夯窝。在东、西、北三面城墙外，发现有宽深各 2 米多的护城壕沟。城墙内侧的“护坡”，建成年代约在西周初期。城东南部为墓葬区，城内及西部为居住区。墓葬最集中的地区，是在城东南部的黄土坡村，已发掘墓葬 200 余座，车马坑近 30 余座，最少的为 2 匹马、1 辆车，最多为 42 匹马、10 余辆车。有的是将马杀死后与整辆车埋入坑内，有的是将车拆散后埋入坑内。坑内出有众多的铜质车马器。墓分大、中、小三型，皆为长方形竖穴土坑，中、小型墓为长方形土坑竖穴，四周一般有熟土二层台，坑底置棺椁，大型墓墓室部分亦为长方形土坑竖穴，一般带有两条墓道，个别的有四条墓道，坑底木椁保存较好。葬式多为仰身直肢，棺底大多有殉狗腰坑。此外还发现七座墓有殉人。青铜器铭文多见器主人（有的可能即墓主）受到“匽（燕）侯”赏赐，所出盾饰（昜）上有“匽侯”之称，特别是大墓中出有带长篇铭文的克罍、克盉，记载了封大保（召公）之子克于匽（燕）之史事，结合《史记·燕召公世家》记“召公奭与周同姓，姓姬氏。周武王之灭纣，封召公于北燕”，不仅证实召公确

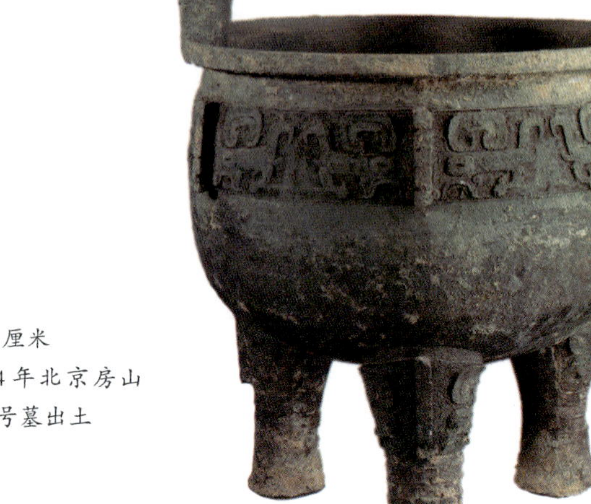

堇鼎
西周早期 通高 62 厘米
口径 47 厘米 1974 年北京房山
琉璃河黄土坡 253 号墓出土
现藏首都博物馆

封于燕，而且表明墓地即周代燕国上层贵族墓地，而董家林城址应是周代早期燕国都邑所在。近年出土刻有“成周”文字的甲骨，为确定燕都城址年代提供了有力的证据。

堇鼎 折沿方唇，口微敛，直耳，鼓腹，兽蹄形足，器内底有三个圆形浅洞，分别与三足相对应。两耳外侧各饰一组两头相对的龙纹，口沿下饰一周由六组兽面组成的兽面纹带，每组兽面纹均以凸起的扉棱为中轴的鼻、额组成，三足根部各饰一组兽面纹，兽面纹下饰以三道弦纹。腹内壁铸有铭文 4 行 27 字，记述了燕侯派堇前往宗周为太保奉献食物之事，证实了文献中关于召公奭以其长子就封于燕，而自己留在宗周辅弼王室的记载，填补了文献史料对西周燕国记载的不足，进一步证实了北京琉璃河地区即当时古燕国的始封地。堇鼎当之无愧地成为北京城历史之源的见证。堇鼎是北京地区出土青铜礼器中最大、最重的一件，造型凝重，纹饰古朴，气势宏伟，其器形、风格、铭文、字形与陕西、河南周代遗址出土的同类器物相同，说明三千多年前，北京地区已具有高度的文明，同中原地区在政治、文化、经济方面形成了统一整体。如此庞大的青铜器，也反映出周代北京地区冶矿与铸造规模和生产技术的高度。

董鼎铭文拓本

山西天马—曲村遗址及北赵晋侯墓地，位于山西省翼城县与曲沃县交界处的天马—曲村地界，是二十世纪周代考古最重要的发现之一。出土有数以万计的青铜器、玉器、石器、骨器等物，时代从西周早期一直延续到春秋早期。而北赵的晋侯墓地已发现9组19座晋侯及其夫人墓、4座陪葬墓、数十座祭祀坑，并探明5座车马坑，出土有精美的青铜器和玉器等随葬品，其中部分器物带有铭文，是西周断代研究的重要依据。

据《史记·晋世家》记载，周成王封其弟叔虞于唐，即所谓“桐叶封弟”，叔虞死后，其子燮父继承国君，并改国号为晋。古唐国为夏墟。夏在何方？一说晋祠，一说翼城，亦有说在襄汾县赵康。拨开疑惑，确定晋都，从而确定“夏墟”，找到夏文化遗址，是考古人士苦心寻找晋古都的初衷。而器物带有铭文，则是西周断代研究的重要依据。

1993 年山西天马—曲村遗址北赵晋侯墓地第三次发掘中的 31 号墓

对晋国的关注，早在二十世纪 50 年代就已经开始。1950 年之后，山西设立考古机构，考古工作者始主动调查晋与三晋的遗址、城址、墓葬等。侯马古为新田，是晋国后期都城所在，1955 年，配合基本建设，山西文管会派专人做考古调查，发现大量建筑遗址、祭祀坑、古城址。1960 年，发现晋国作坊铸铜遗址。1965 年底，侯马秦村西北发现“侯马盟书”。70 年代后，晋文化遗存范围扩大到太原、忻州、朔州等地。

天马村在遗址东部，曲村在遗址西部。遗址范围包括天马、曲村、北赵、毛张四个自然村，墓地有曲村村北、村西的“邦墓”区和北赵晋侯“公墓”区。包括墓葬区在内，这片古遗址广袤将近 5 公里，总面积约为 10.64 平方公里。晋侯墓地的发掘工作开始于 1992 年，至 2000 年先后做过 6 次发掘工作，共发掘出

9组19座晋侯及夫人大型墓葬。整个墓地东西长170米，南北宽130米，9组19座晋侯和夫人墓葬在墓地分三排排列。除第八组为晋穆侯及两位夫人外，余皆为一位晋侯一位夫人异穴合葬墓。每组墓葬之东有车马坑，其中8号墓葬陪祀车马坑东西长21米，南北宽15米，有殉马百余匹，为全国至今所发现的西周时期最大的车马坑。19座墓葬有11座保存完好，8座被盗。晋侯墓地出土文物十分丰富，总数达万件以上。出土的青铜器种类齐全，从其数量和组合看，一改商代重酒之风，呈现重食、重乐的特点。八号墓葬出土的晋侯苏钟，刻铭文355字，完整记载了周厉王时期由晋侯苏参与的一次军事事件，弥足珍贵。出土的数目众多的玉器同样也为人们展现了一幅瑰丽多彩的历史画卷，使人们能够看到三千年前礼制社会的社会风尚、审美观点、工艺技术等，是一笔十分宝贵的物质文化财富。

2006年山西北赵晋侯墓地1号车马坑车坑

兔形尊

西周中期 高 13.8 厘米 长 20.4 厘米 1992 年山西曲沃北赵村晋侯墓地 8 号墓出土 现藏山西省考古研究所

兔形尊 共 3 件，其中一件兔背上立有喇叭形口，另两件则造型相同，大小相次，兔背上有圆角长方形口，口上覆有与兔身融为一体的环钮器盖。兔作行走状，腹部中空，与背上口相通，足下有矮长方形圈足。腹部两侧各有同心圆纹饰三周，由里而外依次作圆涡纹，四目相间的斜角云雷纹和勾连云雷纹。器前后足中线及背脊上可见范痕，应是由一块底范及两块身范铸成。

鸟形尊 器为高冠凤鸟形，造型极为生动。凤鸟作回首站立状，头顶高冠，嘴后两鼻孔，圆眼，钩眉。两翼上卷，尾部为一鼻向内卷的象首。器身饰羽毛及云雷纹，两翅两足饰卷云纹。鸟背有盖，盖上立一鸟钮。盖内有铭文作“晋侯（作）向太室宝尊彝”。

在曲沃晋侯墓地的发掘中，出有不同年代的青铜器中均有称“晋侯某”者。对青铜铭文的释读，不仅可使墓葬的性质得以明确，再通过与《史记》等古文献所载晋侯世系相对照，又使由青铜器等出土物的形制、纹饰得出的墓位序列、诸墓年代及整个墓地的年限进一步得到印证。

鸟形尊

西周中期　高 39 厘米　2000 年山西天马—曲村遗址北赵晋侯墓地 114 号墓出土
现藏山西省考古研究所

山东省文物考古研究所自 2008 年始至 2010 年底，对高青陈庄遗址进行考古勘探和发掘。遗址位于山东省淄博市高青县花沟镇陈庄村东，坐落于陈庄和唐口村间小清河北岸，东北距县城约 12 公里，北距黄河约 18 公里。目前已发掘面积近 9000 平方米，遗址发现 14 座大、中型墓葬，年代多属西周中期，个别可早到西周早期。出土青铜器 50 余件，其中首次发现铭文中的“齐公”字样，据此可进一步推断陈庄城址早期当为周代早期齐国一处政治中心，墓地或为西周中晚期姜氏齐国诸侯的陵墓区。

齐国故城墓葬出土的青铜器

西周城址是这次发掘的重要收获。经勘探确认城址近方形，城内东西、南北各约 180 余米，城内面积不足 4 万平方米。其中东、北两面城墙保存较好，西城墙大部尚存，南墙基本被水冲掉，局部残存墙体底部。墙体用花土分层夯筑而成，城墙四周有壕沟环绕。

另一重要发现是位于城内中部偏南的夯土台基。其中心部位近圆台形，从平面观察，由内向外依次为圆圈、方形、长方形及圆圈、椭圆形环向套叠，夯筑花土土色深浅有别。据夯土台基形制和所处位置初步判断，此类台基可能与祭祀有关，而夯土祭坛在山东地区尚属首次发现。

西周墓葬特别是贵族墓葬是这次发掘的又一重要收获。目前已发掘西周墓葬 9 座，均位于城内东南部，其中 6 座墓葬随葬有青铜器。墓葬形制多为长方形竖穴土坑墓，多一棺一椁，随葬陶、铜器皆在头箱内。个别棺内有少量玉器或海贝串饰。其中有两座是带墓道的“甲”字形大型墓葬，墓道内殉车两辆，近墓室的车保存完整，有车衡、辕、舆及车轮，车衡处有殉狗一条，狗颈上系挂铜铃。墓室为长方形竖穴土坑，棺板上残存所髹红漆绘黑彩痕迹。棺北与椁间为器物箱，出有鼎、簋、壶、盘、匜、戈、矛等青铜器及銮铃、车軎等车马构件。两座大型墓葬随葬铜器中，在两件铜簋上均有长达 70 余字的铭文，部分铭文被铜锈覆盖，有待于清理保护和释读。

陈庄遗址出土的铜簋底部铭文

陈庄遗址发现的马坑之一

陈庄遗址现场清理马坑

陈庄城址出土的铜觥有铭文作“丰般作文祖甲齐公尊彝”，“齐公”即文献记载封于“营丘”的姜太公，是齐国的第一代君王。这是考古界第一次发现有关姜太公的准确记载。而陈庄西周城址的车马坑，是首次发现直立跪伏陪葬的马，出土马头竖立略偏，脊柱和肋骨保存完好，马所处的马槽是专门用于固定马站姿的，由于无挣扎痕迹，马应是死后被卡在槽中，才得以保持现在姿势。

陈庄遗址中“一车六马”车马坑

礼乐篇

钟鼎齐鸣

周代的乐器，已知的有玉、石制作的磬，陶土烧制的埙，青铜铸造的钟、钲、镈、铎、铃、钩、镦于、鼓等。而钟因形制不同，又有铙、铎、甬钟、钮钟等名称。在这些乐器之中，埙用以吹奏，钟、磬用来敲击。钟是成编悬挂，编钟最初出现在周代早期，使用时手执或植于座上，或悬挂钟架，用木槌打击乐钟的鼓部和鼓右的鸟图案，因此能产生两个音频，有人称为正鼓音和侧鼓音。《周礼·大司乐》有：圜钟为宫，黄钟为角，太簇为徵，姑洗为羽。又有：函钟为宫，太簇为角，姑洗为徵，南吕为羽。还有：黄钟为宫，大吕为角，太簇为徵，应钟为羽。由此可知，周代“雅乐”以四种调式为主，每种调式又以不同的律高为主音。当宗庙举行祭祀、演奏“雅乐”时，则以钟、磬、鼓等为主，以管弦伴奏，用以制造隆重气氛。

传世的虢叔钟有七件，上铸铭文，由第七件铭文未完，知编钟尚缺一钟，进而知八件是编钟流行方式。

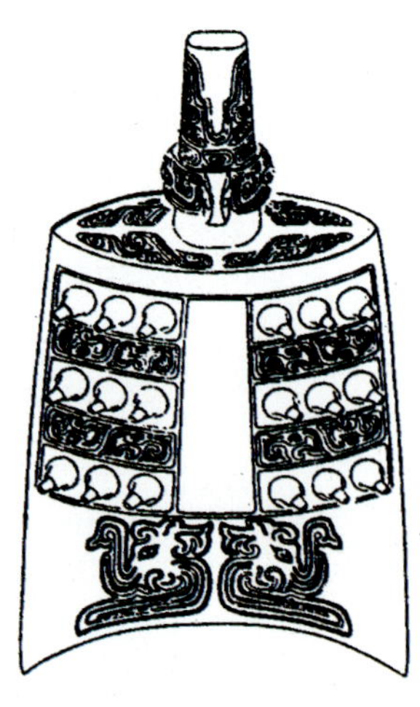

虢叔旅钟一

西周晚期 陕西西安出土

现藏北京故宫博物院

虢叔旅钟全形拓

阮元旧藏 现藏北京故宫博物院

兴钟

西周中期 1976年陕西省
扶风县庄白村出土
现藏陕西省周原博物馆

兴钟拓片

山西天马—曲村遗址北赵晋侯墓地出土青铜编钟

周代王畿所在陕西周原地区，多年来发现甬钟近百件。像扶风齐家村出土的西周柞钟，各钟发音基本上按羽、宫、角、徵、羽、宫的次序排列。

山西天马—曲村遗址晋侯墓地出土青铜编钟

经对编钟钟体进行测音发现，每枚钟的鼓部基音大都比隧部基音高一个小三度（或大三度）音程。每钟发两个基音的现象应可上溯到商代，商代钟的隧音和鼓音关系以大二度居多，而自周代始，双音钟音程的小三度关系很显著，大三度也有所增加，进而随时代发展，其他音程关系也逐渐展开。

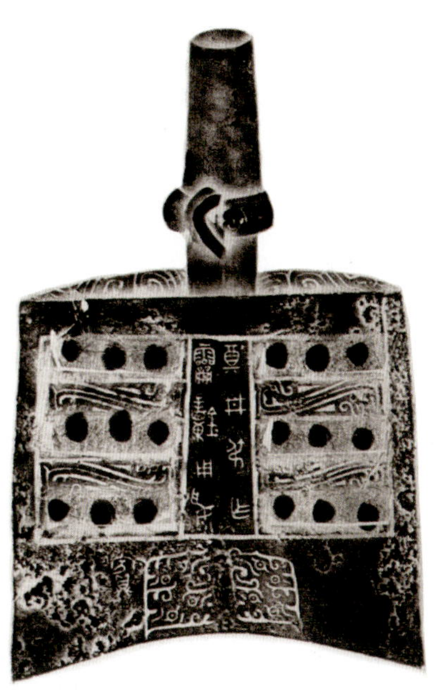

郑井叔钟全形拓
西周晚期 潘祖荫旧藏
现藏荷兰万孝臣处

邮票上的井叔钟

商周时代青铜礼器是由实用器物演变而来。商人喜好饮酒，商代青铜礼器中酒器居多，主要以爵、觚、斝等为主，商代墓葬常出有爵、觚、斝的组合。到周代有了改变，周人认为商人饮酒误国。《尚书·酒诰》就是周公告诫幼年康叔以此为戒，指出戒酒不仅是周文王所教，而且是上帝旨意。周初青铜礼器主要是饮食器，像鼎、簋等。

禁在古代是祭祀和宴飨时用来盛放酒器的几案，周人所谓的“禁”，可能有禁戒饮酒的意思。郑玄解释作“名之为禁者，因为酒戒也”。据文献记载，周初曾经厉行禁酒，可能是出于督促禁酒的考虑，把置放酒具的器座命名为禁。下图龙纹禁是在十年浩劫的“文化大革命”期间，天津市文物管理处在收到的文物中发现有残碎的铜器，经修复后成为当时国内所能见到的唯一一件西周铜禁。日本考古学家梅原末治曾有《柉禁之考古学的考察》，又有《陕西宝鸡县出土的第二柉禁》，而天津发现的这件铜禁，就是梅原文中所说的“第二柉禁”。

龙纹禁

西周早期　长 126 厘米　宽 46.6 厘米　高 23 厘米　1926 年陕西省宝鸡斗鸡台出土
现藏天津市历史博物馆

端方及其旧藏柉禁

柉禁

西周早期 长 87.6 厘米 宽 46 厘米 高 18.7 厘米 禁上所置酒器最高 47 厘米
1901 年陕西宝鸡斗鸡台出土 现藏美国纽约大都会艺术博物馆

柉禁　这一组柉禁上面，安放着卣、觚、爵、角、尊等青铜酒器，当时曾引起金石考古学界极大注意，先为端方收藏，后来流入美国。这组禁出土十多年后，有说 1914 年，有说 1926 年，在陕西宝鸡斗鸡台的同一地区，又出土了一组“第二柉禁”，为军阀党玉琨秘密盗掘，外人不知不晓。禁上的铜器，后来多数也流入美国。据说，党玉琨在宝鸡盗掘的铜器，首先归于天津冯玉祥之手。冯氏散出，又由在美国的中日古董商从天津买去，再卖给了美国。但美国只见禁上铜器，对于放置铜器的禁，却从来未见，故此禁必然仍在天津。而天津市文物管理处在“文革”期间发现的这一件龙纹铜禁，就是“第二柉禁”的那一件铜禁。

柉禁拓本

凤纹卣
西周早期
通高 35.5 厘米 宽 22.8 厘米
1926 年陕西宝鸡斗鸡台出土
现藏美国波士顿美术博物馆

凤纹卣 器体扁圆，肩部微斜，颈部稍收，腹部下垂，圈足下宽边较高。盖上捉手菌形，提梁置于纵向处。盖顶、器身均有纵横四条宽扉棱，盖两端作兽头形，颈部耸出四条较长歧头飞脊。提梁两端兽首耸立掌形双角，提梁上转折处有两个凸起的牛首。通体纹饰较为单纯，除盖顶、颈部两端为直条纹外，盖缘至圈足分布五段宽窄不等但形态各异的凤纹。卣的造型复杂、装饰华丽，实为罕见。现藏美国华盛顿弗利尔美术馆的另一凤纹卣，是同时同地出土，虽形制和纹饰与此卣同，但体积更大，通高有 50.9 厘米。

宝鸡，古称“陈仓”，地处八百里秦川西部，是闻名遐迩的“青铜器之乡”。而石鼓山，南依秦岭，北临渭河，东濒茵香河，西有巨家河，地势高耸，位置优越。就在存世两件铜禁出土近百年后，再出土一件长方体青铜禁，上有成套的卣、尊等酒器，与端方旧藏于 1901 年宝鸡斗鸡台出土的“柉禁”非常相似，这是目前唯一经过科学发掘出土的铜禁。

夔凤纹禁　长方体器座，底空。四侧面边沿部素面，正中饰直棱纹，直棱纹外饰以雷纹作地的夔龙纹长方形边框。铜禁造型规整，庄严肃穆。铜禁上放置有户彝 1 件、户卣 2 件、觯 1 件、1 号斗 1 件，其中户卣下还有一方形器座，被发掘者称作 2 号禁。

夔凤纹禁

西周早期　长 94.5 厘米　宽 45 厘米　高 20.5 厘米　重 41.8 公斤

2012 年陕西省宝鸡市渭滨区石鼓镇 M3 出土　现藏渭滨区博物馆

夔凤纹禁拓本

户卣（甲）

西周早期　通高 50 厘米　口径 14.5—18.2 厘米　圈足径 19.6—23 厘米　重 17.85 公斤　2012 年陕西省宝鸡市渭滨区石鼓镇 M3 出土　现藏渭滨区博物馆

户卣（甲）器底铭文

户卣　呈椭圆形，有梁，带盖，扁腹下垂微外鼓，圜底，圈足。身、盖两侧及中线起四扉棱，扉棱两侧阴刻短线、卷云纹。盖顶正中圆柱接花蕾状纽，蕾六瓣蝉纹。卣身颈部饰凤鸟八只，两两一组，各组凤鸟头均朝外。腹饰高浮雕凤鸟四只，两两头部相对。圈足上部饰凤鸟八只，两两一组，各组凤鸟头均朝内。提梁两端饰高浮雕兽首纹，兽首圆目，尖耳。梁外饰四组回首夔龙纹。盖、器同铭，铸一“户”字。

陕西省宝鸡市石鼓山西周墓葬

陕西省宝鸡市石鼓山西周墓葬内器物出土情形

“户”族器物是首次发现。户卣两只，形制、纹饰相同，大小相次，应为列卣，是一家族的器物。可以认为，此“户”就是墓主家族的族徽，此墓地也就是户氏家族墓地。

等级制度

周人灭商之后，始入主文化先进的中原地区，随即感受各方压力，而尤以文化、宗教方面突出，因为此一问题直接关系到“克商”是否正义。为此，周公力倡“以德配天”的政治观，宣称“皇天上帝，改厥元子，兹大国殷之命，惟天受命”。周代初期，周人便大力展开“宗教改革”，在继承商代上帝观念和鬼神系统的同时，尽力强化其道德内涵而淡化其迷信色彩，从而使“天命”和“人德”紧密结合，尽管周人依然沿用商人的祭祀礼仪，但它们是建立在人心道德规范的基础上。

随着宗教改革的展开，周代初期也开始了制礼作乐，而其肇创者和主持人，便是历史上赫赫有名的周公旦。《尚书大传》有：“周公摄政，一年救乱，二年克殷，三年践奄，四年建侯卫，五年营成周，六年制礼作乐，七年致政成王。”就是说制礼作乐，是周公在整个执政期间对有关典章制度及文化教育诸方面的建树。《左传·文公十八年》也说“先君周公制周礼”，说明周公的制礼在中国历史上非常著名。

礼在狭义上是指礼仪，在广义上是指社会的道德规范、法律及典章制度。其起源可追溯到原始社会的风俗习惯。而周代制周礼则主要表现在宗法制上，从某种意义上说宗法制也就是等级制，为了“明尊卑，分上下”便派生了列鼎制度。此时鼎的作用也就有“藏礼于器”的意思。列鼎是指按其大小依次成单数排列的盛放各种肉食的鼎。等级愈高，使用的鼎愈多，能享受到肉食类的品种也愈多。像天子用九鼎，第一鼎用以盛牛肉，称作太牢，以下为羊、猪、鱼、肉脯、肠胃、肤、鲜鱼、鲜腊。诸侯用七鼎，去掉后两味。卿大夫第一鼎盛羊肉，称作少牢，以下有猪、鱼、腊、肠胃等。士就只有猪、鱼、腊三味。列鼎制度标志着等级的差异。与之相关的乐器也一样反映出周代的等级制度，因为礼与乐的关系是“礼非乐而不履”，也就是说乐是来体现礼的合理性，乐是用来美化礼的。青铜乐器中对编钟的使用，《周礼》也做出规定：天子四组（每组三枚），诸侯三组，卿大夫两组，士一组。如此不难看出周代礼制的森严。

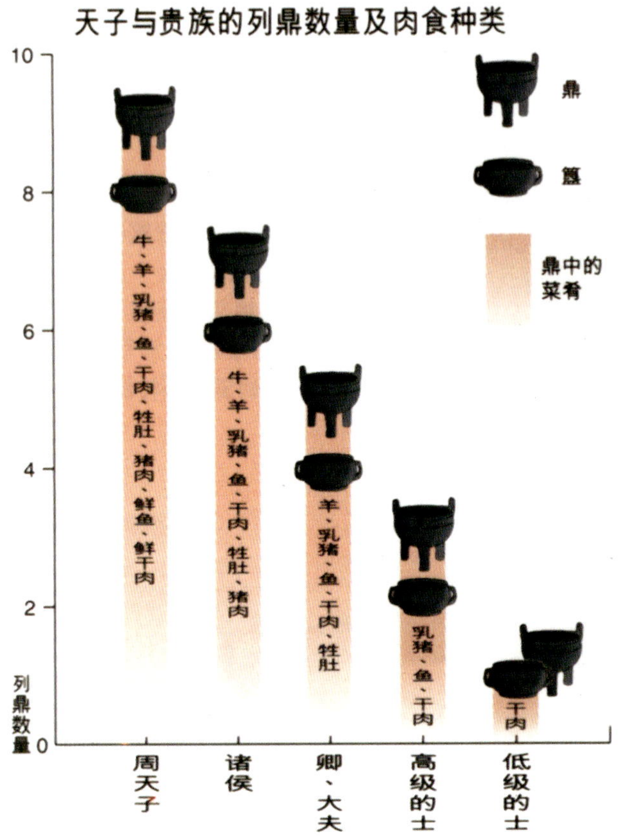

周代列鼎示意图

《左传·昭公七年》有:"天有十日，人分十等，下所以事上，上所以共神也。王臣公，公臣大夫，大夫臣士，士臣皂，皂臣舆，舆臣隶，隶臣僚，僚臣仆，仆臣台，马有圉，牛有牧，以待百事。"周代社会的等级森严，上自天子，下至庶人，有王、公、大夫、士、皂、舆、隶、僚、仆、台十等之分。"礼不下庶人，刑不上大夫，贵贱有等，上下有别"，规范了上自天子、诸侯、大夫、士，下至庶人、奴隶的活动准则，用于维护和加强周代的统治秩序。礼是典章，刑则是镇压的手段和工具。这些都反映在周代社会及人们的衣、食、住、行、婚、丧等各个方面。

至于列鼎的制度虽在周代初期便开始推行，只是尚未有一定的规格，像陕西省长安客省庄一墓出土三鼎二簋，三鼎中有两鼎形制、纹饰相同，另一鼎稍小而形制不同。陕西省宝鸡竹园沟一墓出土五鼎三簋，五鼎的形制基本一致，大小亦依次递减，只是耳部形制有别，三簋形制相似，纹饰不同。据此可知，以奇数为等次的列鼎制，在周代初期已推行，但形制及纹饰还没完全统一，大小依次成系列的还是少数。

到西周中期，列鼎的礼制进一步确立，像陕西省宝鸡茹家庄一墓出土五鼎五簋，四鼎大小依次递减，只有一鼎特殊，形制花纹不全相同。另一墓出五鼎四簋，形制相同而素面，大小则依次递减。

西周中期后，墓葬中列鼎制度流行。像河南省三门峡市上村岭虢国墓地的虢太子墓就陪葬有七鼎、六簋、六鬲、二壶以及甗、豆、盘、盉各一件。次一等墓的陪葬有五鼎、四簋、四鬲、二壶以及豆、盘、匜各一件。再次一等墓的陪葬用三鼎、四簋、二壶及盘、匜各一件。末一等墓则是鼎、盘、匜各一件。这说明列鼎制度，鼎的数目有一定的等级，而且与鼎配合的簋、鬲的数目也有一定的等级。

虢季簋

六件 1990年河南省三门峡市虢国墓出土

虢季列鼎

七件 1990 年河南省三门峡市虢国墓出土

虢季鬲

八件 1990 年河南省三门峡市虢国墓出土

艺术篇

信仰空间

周原是周人的发祥地，其核心位于今天陕西省宝鸡市岐山与扶风两县之间渭河北岸上一块宽广高敞的台塬。《诗经·大雅·绵》中如此称颂这块神奇的土地："周原膴膴，堇荼如饴。爰始爰谋，爰契我龟，曰止曰时，筑室于兹。"自 1977 年始，周原出土了大量的甲骨，在甲骨的制作与问卜过程中，周人依旧保留了他们对理性精神的坚持。周代甲骨的制作与使用也有一套完整而严格的程序。首先是选材与脱脂，其次是整治，最后是灼龟说兆。1977 年在陕西省岐山县凤雏村西周建筑基址西厢房的两个窖穴内，出土卜甲和卜骨共 17000 多片。其中龟腹甲 13600 余片，牛肩胛

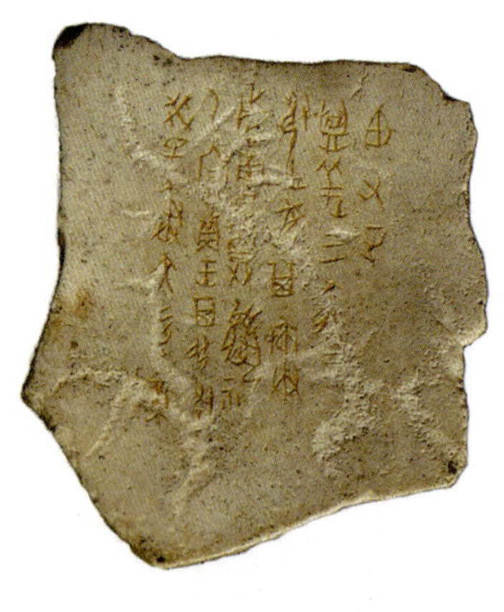

西周甲骨　卜祭

陕西省岐山县凤雏建筑基址 11 号灰坑出土　现藏陕西省岐山周原博物馆（原周原岐山文管所）

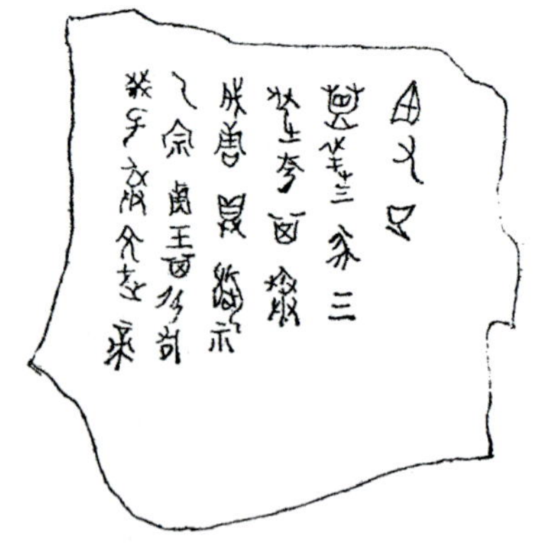

西周甲骨　卜祭　摹本

骨 300 余片，内有 289 片龟腹甲刻有文字。每片字数多寡不等，少的 1 字，多的 30 字。继岐山县凤雏村发现西周甲骨以后，1979、1980 年在岐山邻县扶风县黄堆乡齐家村又采集和出土了 22 片甲骨，内有 7 片上有刻辞。这些甲骨刻辞的内容，有的记述了周人和商王朝及其他方国的关系，也有某些重要朝臣的名号如太保、毕公等，有的则刻画易卦。刻辞的字体都很小，笔画纤细，一般需放大数倍方能辨识，显示出周人娴熟的书刻技艺。

在周原甲骨中，有一类由数字组成的刻文引起学界重视。有学者指出这种数字刻文就是周易的八卦。这一见解引起研究者广泛的注意和浓厚的兴趣。

西周刻字甲骨最早在 1954 年于山西省洪洞县发现，1956 年始被确定为周初遗物，此后在北京昌平白浮西周墓中亦有发现。这些刻辞为研究周初历史提供了新史料。

西周甲骨　八卦符号

陕西省岐山县凤雏建筑基址 11 号灰坑出土
现藏陕西省岐山周原博物馆（原周原岐山文管所）

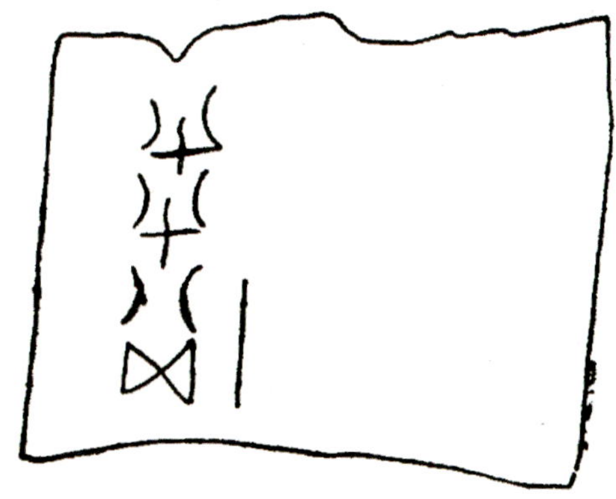

西周甲骨　八卦符号　摹本

释文为“八七八七八五”

西周甲骨　八卦符号

陕西省扶风县出土采集 现藏宝鸡周原博物馆（原周原扶风文管所）

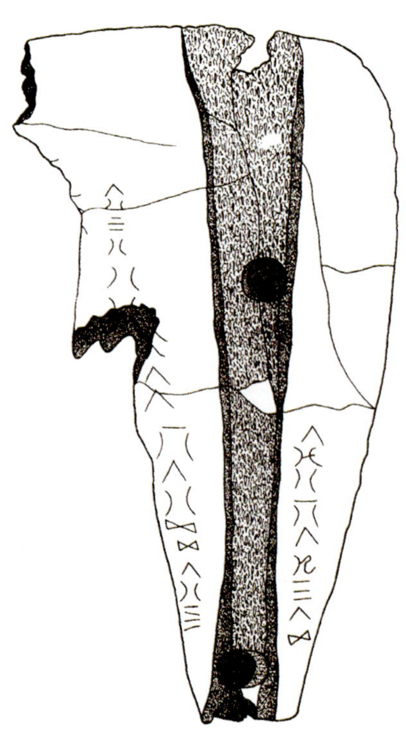

西周甲骨　八卦符号 摹本

西周甲骨　卜祭

陕西省扶风县出土采集 现藏宝鸡周原博物馆（原周原扶风文管所）

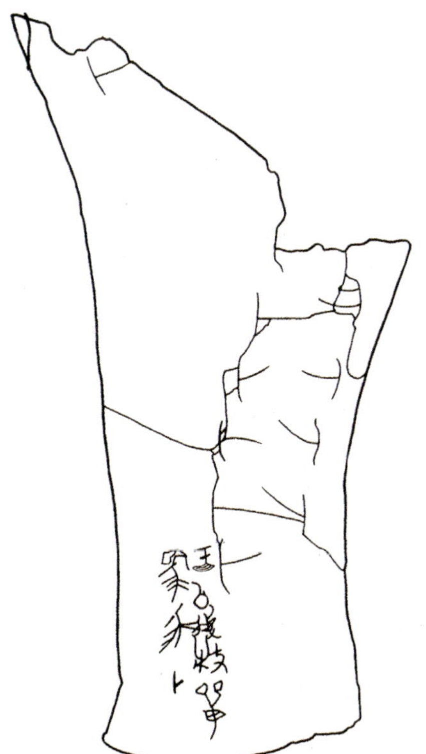

西周甲骨　卜祭 摹本

自 2004 年 3 月以来，陕西省考古研究所和北京大学联合组成的考古队，在陕西省岐山县周公庙遗址内进行大规模考古调查与钻探，已发现大型墓葬 19 座，其中带四条墓道者 9 座，三墓道和两墓道者各 4 座，单墓道者 2 座，另有陪葬坑 13 座。在其外围多处发现甲骨 700 余片，辨识出甲骨文 420 余字，首次发现有“周公”字样者 4 片，并发现了 1500 多米的夯土城墙和 6 处大型夯土建筑基址。“周公”甲骨的多次出现，说明此处当是周公采邑，墓地应是周公家族墓。有人认为周公称谓是世袭的，尽管周公旦的长子分封到东方的鲁国，但西周实行归葬制度，即人死后“叶落归根”，分封在外的后代周公也要埋回家族墓地，因此这里出现多座四墓道墓葬也在情理之中。也有人指出这些四墓道的墓葬规模普遍偏小，不大可能是王陵，周公家族墓的可能性更大。至于墓主究竟是谁，还有待发掘后最终确定。不过其年代定为周初，不管从卜甲本身还是从考古证据来看，理由都比较充分。

这批周人卜甲破碎比较严重，缀合工作尚未进行，卜辞完整者较少，从现存刻辞的内容来看，可初步归纳为人物、方国、祭祀、战争、纪年与历法、占梦、卜辞格式、筮法等类型。

迄今为止，周公庙以外有 10 个遗址出土过西周刻辞甲骨，共计约 1100 字。而周公庙遗址所见的西周甲骨已近 2200 字，周公庙遗址已成为出土西周甲骨最多的一个遗址。

岐山周公庙出土西周甲骨

邮票上的金文（毛公鼎铭）

周代的青铜器，最早是继承商人的风格，其自身的特点，就是所铸铭文这一重大发展。商代铭文一般不过五六字，最长不过五十字，主要记述器主和祭祀祖先，直至商代末年，开始有记事铭文。周代初年，铭文即有长篇之作，记载器主之功绩和周王赏赐。像康王时期的大盂鼎，有铭文 291 字，小盂鼎有铭文 400 余字。

周代早期金文可分两个阶段来说明：第一阶段，主要是武王、成王时期，但康王早期仍有部分器铭具有本阶段特点。在内容上，仍存在较多的很少字数的族氏铭文及与先祖日名组合的铭文。此类铭文的铜器，多数当属于商亡国后臣服于周人的商遗民等。总体看，此阶段金文仍保留不少商晚期金文的特点。首先就是布局不够规整，竖成列而横不成排，字形大小仍不均匀。象形性还较强，表现人体的字或偏旁如母字，腿部仍作跪状。书写气势亦较豪放，笔画较浑厚、凝重，有的笔画中间粗肥，而首尾出尖，笔画很有波磔，有庄严沉稳和古拙率真之美，所有这些均与商代金文近同。第二阶段，康、昭王时期，这一阶段铭文多为较长篇幅，内容范围与第一阶段长铭文相近，多涉及当时战争、政治、封赐等史实，族氏铭文已少见。与第一阶段铭文不同的是，多数铭文排列规整，竖成列且横成排，仍有部分铭文字大小未能一律，显出个别不齐整。此阶段铭文有两种字体形式：一是字体笔画仍显浑厚，还有明显波磔，二是字形一改过去浑厚、豪放的书风而为规整、拘谨，多数字笔画均匀，也有一些字点画上作粗肥笔。

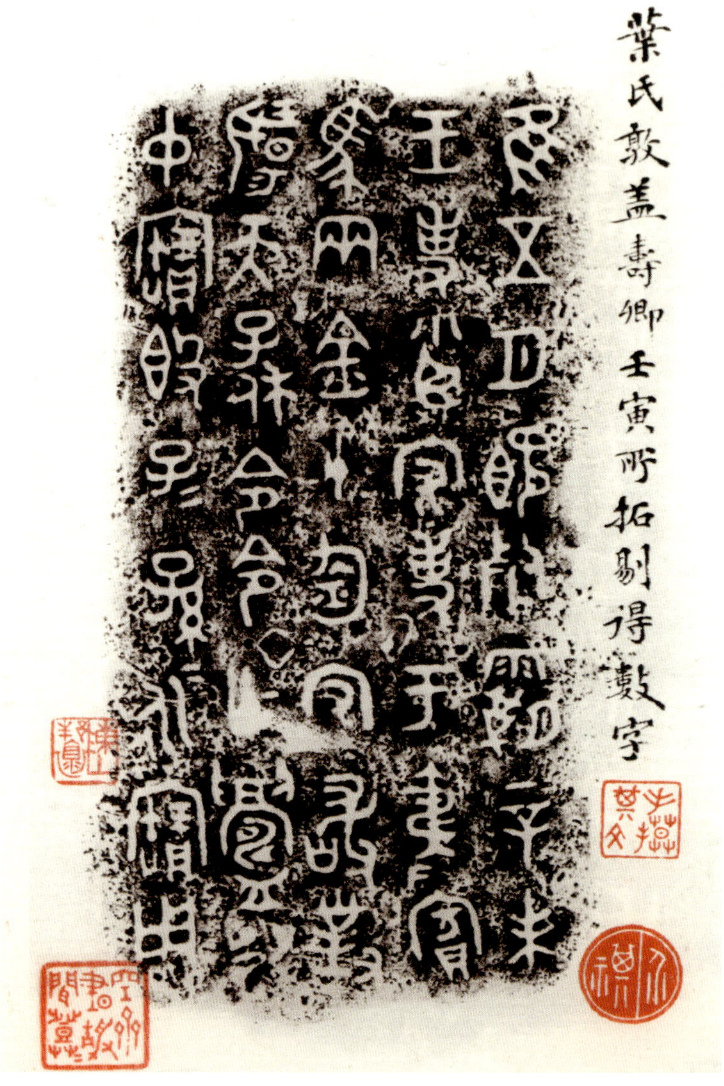

西周早期金文　小臣守簋盖拓本

陈邦怀藏拓本

西周中期金文中记录周王册命之礼的铭文出现，“子子孙孙永宝用”之类文辞开始流行。字体形式出现小而规整、拘谨的字形，显出整洁的风貌。文字象形性已弱，表现人体的字多不再作跪状而下肢向下伸展，笔道粗细一致，进一步向线条化发展，粗肥笔画已不存在，字形上也相对宽松，布局比较散漫，字体比较敦厚。

西周晚期金文　三年师兑簋拓本

中国社会科学院考古研究所藏　丁麟年拓本

西周晚期金文是指夷王至幽王时期，本期有较多长篇铭文，内容多为套化的廷礼册命。有关战争、土地诉讼等内容也较多见。宣王时出现最长的毛公鼎铭，本期还有许多器铭属于韵文，非常有特色。本期铭文布局工整规范，横成排竖成列，少数器铭拓本上可见清楚的方格，表明当时在制范时是先画格后按格作字。本期字形特征明显，普遍作长方形，字形大小相近同，笔道多细劲均匀，遒劲秀美又端庄肃穆，后人称之为“玉著体”。由于字形典雅、行列整齐，所以显得庄重、肃穆，令人赞叹不已。

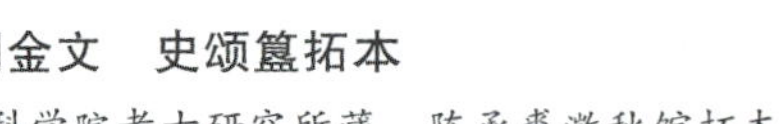

西周晚期金文　史颂簋拓本

中国社会科学院考古研究所藏　陈承裘澂秋馆拓本

工艺制作

周代处在中国青铜器的鼎盛时代，周代铸造的大批精美青铜器，是中国古代先民对世界文明的杰出贡献。这些青铜器的出土，不仅再现了古代中国青铜时代的风貌，同时也显示出古代工匠在青铜冶铸技术方面所达到的高超水平。

周代青铜器的主要成分是铜与锡，铜与铅或铜与铅、锡的合金，一般称之为锡青铜、铅青铜或铅锡青铜。由铜器所含微量元素的测定表明，周代各地所铸铜器的原料大多取自附近的含铜矿脉，像镇江附近周代墓葬及窖藏出土的铜块中，就含有较大比重的铅和微量的锑，同中原地区青铜器的铜料明显不同，后者不含锑且含铅量低。又像湖北大冶铜绿山发现采矿与冶炼遗址，发现有古人采掘开拓的竖井、平巷、采矿工具、提升工具、排水用具及铜矿石。大冶铜绿山古铜矿采掘工作是在大理岩与火成岩之间的破碎带中进行的，采掘时成组的井巷中架设完整的木质框架支护，深距地面四五十米。大冶铜绿山的矿井附近都有冶炼遗址，说明采得矿石即在采场附近就地冶炼。

周代的都邑遗址中大都发现有铸铜作坊遗址，其面积有数万平方米的，也有十余万平方米的。作坊遗址内还出土有众多的陶范，坩埚块，木炭，以及铜锭、铜渣甚至小件青铜器，还包括与铸铜生产有关的其他遗物。这些遗址的发现，也表明周代王室及诸侯所铸造的青铜器大多是就地制造。

河南省洛阳庞家沟铸铜遗址是周代规模较大的铸造场地。其中几个地点内均发现有体积较大的熔铜炉，还有大批陶范以及与铸铜有关的工具、用具。洛阳庞家沟发现的熔铜工具有三种，其中的大型熔铜炉内径有160厘米，壁厚30—35厘米，还有鼓风口。在河南的洛阳、新郑，山西的侯马等地铸造作坊中，都发现有陶质的鼓风管，表明熔铜炉具备良好的熔化能力。以如此大型的熔炉熔铜，同周代铸造大型青铜器的情况是匹配的。

周代铸造青铜器的模具有陶范和金属范两类。其中陶范的原料主要是黏土和砂子，一般是就地取材。由于陶土耐火度高，便于透气，来源又很方便，所以各地作坊都喜爱使用，使之成为中

国青铜时代铸造工艺的一大特点。对于那些造型简单的工具、兵器等物，用单范或双合范铸造，一范可使用多次。对于青铜容器就要用复合范铸造，一套模具只能铸造一件器物。金属范中又分铜范和铁范两种，铜范多为铸造货币的模具，铁范则为铸造铁工具的铸范。

红陶炼铜坩埚及使用法示意图

有“将军盔”之称的炼炉。使用时，将熔化的铜水倒进炉中，使之固定及加热，烧炼铜器。

青铜器坩埚铸造使用法示意图

铸造一件青铜器需要经过塑模、翻范、烘烤、浇注等一整套工序。先将准备铸造的器形塑出泥模，在泥模上面翻出外范，在泥模或外范上雕刻所需要的花纹，然后再在泥模上削出范芯或者需要另外制作范芯，范芯与外范之间的距离，就是浇注成型后的青铜器器壁的厚度。为了防止陶土在干燥的过程中有可能出现的缩裂和变形，陶土中的黏土和砂的成分配比要合理。外范和范芯在阴干和晾晒以后，组合放入烘范窑中烘烤，使之脱水，最后定型。常常是出窑后就趁热进行浇注。大件的器物需挖坑固定，用槽注法浇注。一次浇铸就可以完成的，俗称为浑铸法。比较复杂的器形则需要先铸附件、后铸器身，或者先铸器身、最后再将附件铸接上去，称分铸法。周代青铜器装饰的纹样大多在泥模上雕刻，有的在外范上加工。通常铸造一件铜鬲，需要用 4 块外范和 1 块范芯，铸造一件铜爵，需要 16 块陶范。

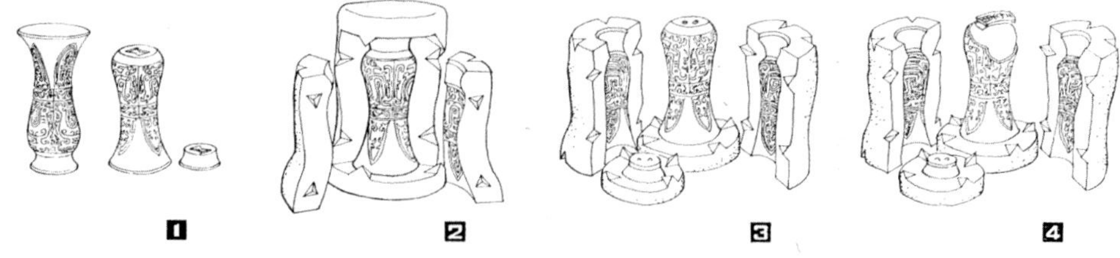

陶范铸造示意图 1

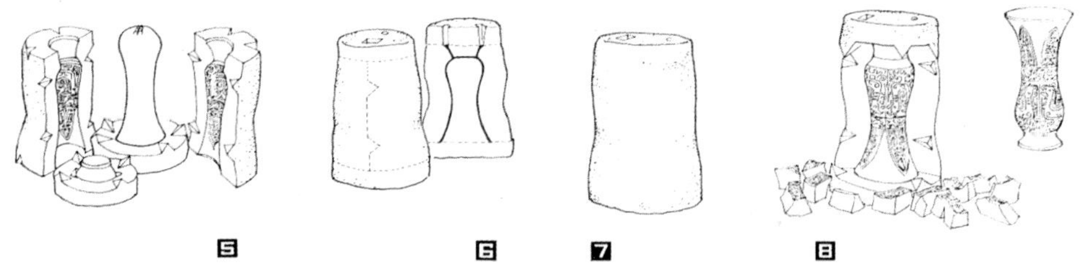

陶范铸造示意图 2

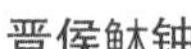

晋侯穌钟

西周厉王　高 49 厘米　铣间 29.9 厘米
山西省曲沃北赵村晋侯墓地 8 号墓出土
现藏上海博物馆

周代青铜乐器铸造集中地反映了古代铸造工艺所达到的最高成就，研究表明，周代青铜钟显示出良好的音响效果。实验表明，当青铜钟体含锡量低于 13％时，其发出的声音单调而尖锐，而含锡量太高时钟体较易破碎。在保持适当的含铅量时，则有利于钟音的衰减和音色的改变，含铅量过低往往衰减缓慢，而含铅量过高则音色恶化。周代工匠在实践中总结出一系列配料的比例，进而掌握热处理等工艺来控制、改善青铜钟的音响。

晋侯穌钟　编钟一套共有 16 件，可以分作两组，每组 8 件，其中有 14 件曾被盗运出境，后经上海博物馆之手收回入馆收藏，这是晋侯穌钟的第一件。按照钟的形制与纹饰，可以分为两种式样，四件较大，分别是两组的前两件，纹饰是由浅细的阳线构成的联珠纹、云雷纹等。这类钟在形制上也不尽完全一样，第一组两件的甬上有旋和干，第二组两件的甬上有旋无干。另外 12 件较小，分别为两组的第三至第八件，钟的篆部饰变形兽体纹，鼓部饰云雷纹，鼓右饰鸾鸟纹。16 枚钟共刻凿一篇 355 字的铭文，完整记录下西周厉王三十三年，晋侯穌率领其军队参与由周厉王亲自指挥的征伐东夷的战争，晋侯穌战功卓著，多次受到厉王赏赐，穌因而作此编钟。晋侯穌钟铭文内容为史籍所阙，因而对于研究周代历史和晋国历史极为重要。全篇铭文是用坚硬的金属工具刻凿而成，这是西周青铜器上所首见。全篇铭文末尾的两件小钟，于 1992 年发掘出土，现藏山西省考古研究所。

楚公逆钟　同墓出土一套 8 件，钟体长腔封衡。甬的断面呈方形，有旋有干，旋饰目雷纹，舞部两面微下倾，饰宽带卷云纹。钲、篆、枚各部位间，隔以夹有乳刺的双阴线，枚为平顶两段式，篆饰长脚蝉纹。隧部饰龙、凤、虎纹，两组对称排列。右鼓以长耳鳞身兽形为基音点标志。钲部和左鼓铸有铭文 68 字，记述楚公逆祭祀其先高祖考，向四方首领征求祭品，四方首领贡纳赤铜九万钧，楚公逆用以制作 100 套编钟。这是周代金文中关于铸造用铜的最高纪录。宋代金文著作曾著录一件楚公逆镈，学者公认其作器者为熊咢，其年代相当于周宣王时。而新出土的这套楚公逆钟，不仅使释读宋人著录有了可靠参证，从而订正所谓镈铭实为钟铭，还进一步将楚、晋交往的历史提早到西周晚期。

楚公逆钟

西周晚期　通高 51 厘米　铣间 28.8 厘米

1993 年山西省曲沃北赵村晋侯墓地六四号墓出土　现藏山西省考古研究所

周代青铜器除在表面有装饰纹样外，还出现了镶嵌玉石或绿松石的“铜镶玉”技术。这种镶嵌技术用在大型铜容器上，后来与新出现的金银错、嵌红铜、鎏金等新技术用于同一件器物，使青铜器装饰效果更加突出。不仅是在装饰纹样上，在青铜器器形上也多有动物器形，造型极为生动活泼。

鸭形尊　器作鸭形，昂首，扁喙，直颈，两足直立，足上有蹼。背上有空起的杯形口，两翼微凸，颈部以下又饰方格纹，臀部下方另设支柱。造型古朴，形态生动，别具风格。同出还有匽侯盂、蝉纹盘等器物。

鸭形尊

西周早期　通高 44.6 厘米　长 41.9 厘米　1955 年辽宁省喀左马厂沟窖藏出土
现藏中国国家博物馆

虎形尊

西周中期 通高 21.8 厘米 长 35 厘米

1993 年湖北省江陵江北农场出土 现藏荆州博物馆

虎形尊 器造型生动，独具特色。老虎昂首，竖耳，切齿，瞪眼，颈有扉棱，空腹与口相通，四肢挺立，短尾上卷。虎背上有盖，以鸟形钮与虎身相连。虎腹下饰网格纹，四肢根部饰大涡云纹，其他部位则饰双阴线虎斑纹。

鱼形尊 器形近似鲤鱼，尊通体纹饰作鱼鳞状。鱼背上有盖，盖面饰鱼形纹，有鳍形钮及二圆环。四足为人形，双手捧腹，屈膝，呈背负状，造型颇为生动。

鱼形尊

西周晚期 通长 28 厘米 高 15 厘米

1988 年陕西省宝鸡茹家庄出土 现藏宝鸡青铜博物馆

鸟形尊

西周中期 通高 23.5 厘米 通长 31.2 厘米

1988 年陕西省宝鸡茹家庄一号墓乙室出土 现藏宝鸡青铜博物馆

鸟形尊 鸟体丰满，昂首钩喙，凝目远望，形象逼真。鸟有三足，以利站立，尾作长方形，两侧呈阶梯状。鸟身中空，背部上开长方形孔。鸟身披鳞状羽纹，鸟尾饰锁链状羽纹。同墓出土形态相同的鸟形尊两件，较小一件高 18 厘米。另有更小的两件形制基本相同的铜鸟，只是背部无长方形孔。

象形尊 象体肥健，象鼻高扬，鼻头外翻，圆目龇牙，短尾下垂，四足粗壮。象身中空，象背开长方形孔，孔上有盖，盖面饰四卷体蛇纹和二竖立圆环，以链将盖与尊体连接。象身两侧饰立体纹饰，为粗条阳线勾勒的两组圆涡形卷体凤纹图案，其间以雷纹衬地，空白处填相对的三角形几何纹，布局精巧。

象形尊

西周中期 通高 23.6 厘米 通长 37.8 厘米

1988 年陕西省宝鸡茹家庄一号墓乙室出土 现藏宝鸡青铜博物馆

井姬貘形尊

西周中期 通高 18.6 厘米 通长 30.8 厘米

1988 年陕西省宝鸡茹家庄二号墓出土 现藏宝鸡青铜博物馆

井姬貘形尊　器身作马来貘形，体态肥满，大圆耳，目圆睁，长吻前伸，腹部微垂，四足较短。貘背上开方口，口上有带立虎的盖扣合。尾部有半环形鋬。两只耳，两肩胛，两后臀，均饰圆涡形卷曲兽体纹。盖内铸有铭文2行8字。

牛形尊

西周中期　通高24厘米　通长38厘米

1967年陕西省岐山县贺家村出土　现藏陕西历史博物馆

牛形尊　器身作牛形，牛体圆浑，腿蹄有力，盘角翘首，两目圆睁，作吼叫状，比例匀称，生动活泼。伸舌为流，尾卷成环形鋬，牛背上有口，口上有盖，盖上虎钮。器盖以套环相连。牛身饰兽目交连纹和兽体卷曲纹，盖饰回顾式卷尾龙纹，雷纹填地。器形整体造型简练，装饰纹样流利华美。

邓仲牺尊　器形奇特，制作精湛，装饰华丽。整器作神兽形，似鹿非鹿，似羊又非羊，神兽头顶耸立双角及两耳，曲颈短尾，四只蹄足，身有只翼，头立卷尾虎，胸前和臀部各有一回顾式立体卷尾龙，神兽背有一椭方形口，口上有盖，盖上有钮，钮作立体凤鸟。盖周缘饰双身龙纹，两腹饰回顾式虎耳龙纹，胸部饰龙纹、虎纹，臀部饰回顾式花冠龙纹，通体填细雷纹。整体繁缛精细，显得堂皇富丽。器腹及器盖内铸有相同文字铭文 2 行 6 字，记载邓仲作器。

邓仲牺尊

西周中期　通高 38.8 厘米　通长 41.4 厘米

1984 年陕西省长安县张家坡西周墓葬出土　现藏中国社会科学院考古研究所

神面卣　卣是在香港文物市场上收购而得。器盖正背两面饰神面纹，盖顶中心饰一立鸮作钮，两侧有扉棱。腹部正背两面亦饰神面，两侧亦有扉棱，圈足正背两面饰双身蛇纹，两侧同样饰扉棱，器口中央正背两面皆凸起一立体造型之貘首。提梁中央凸出一相背的鸟形纹，两旁向外凸出处皆作大立耳龙首状，下方两端饰有凸出的卷鼻张耳大象。神面纹作高浮雕状，眼、鼻、耳、眉、角、口俱全。器盖铭文相同，各 2 行 5 字。如此形象的青铜器，还是首次出现，被认为是艺术价值最高的作品之一。

神面卣

西周　通梁高 33.8 厘米　通盖高 30.1 厘米　器高 16.4 厘米　口长径 14 厘米
腹长径 19.6 厘米　底长径 15.2 厘米　重 4.23 公斤
传出自陕西省扶风　现藏北京保利艺术博物馆

西周青铜器邮票

附：西周青铜器主要纹饰

窃曲纹

蟠螭纹

龙纹

生活篇

戎马生涯

“国之大事，在祀与戎。”所以制作兵器，当然也需要用最先进的技术。青铜兵器是周代军队作战的重要装备，铸造数量非常庞大，虽然在战争中大量消耗，但遗存至今的种类和数量还是很多，像戈、钺、剑、胄等，有的还在青铜兵器上铸刻族徽或铭文，装饰有华美的图案纹饰，制工精湛，也是古代的青铜艺术品。周代还盛行车战，因此青铜兵器的制作和使用也多与车战联系紧密。

戈是青铜兵器中最常见的一种，也最具特色。戈应是从收割作物用的刀发展而来，其使用方法与刀相仿，用戈援或啄或钩，因而也有称“勾兵”。早期的戈是直援，随后在援下延伸出胡，加长了起杀伤作用的利刃，又便于装柄。戈内是起与援平衡作用的，后来也出现锋刃。

周代太保戈

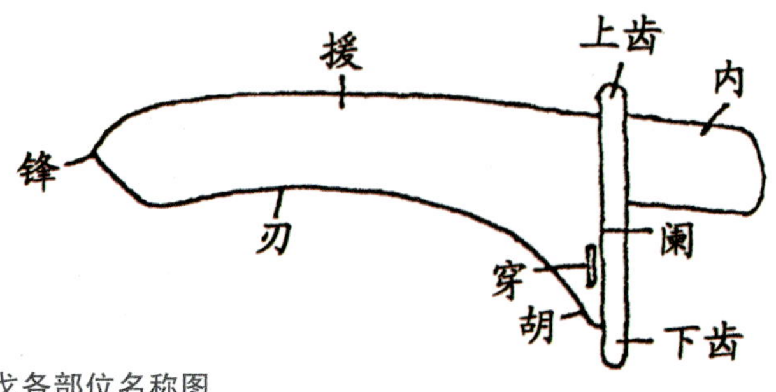

青铜戈各部位名称图

矛是用以冲刺的长柄兵器，矛体分锋刃和交雨部分，锋又分前锋和雨翼，交即矛的銎，西周以后，矛口加长，矛叶变窄，通体呈叶状。

最常见的青铜兵器还有钺。钺是用于劈砍，为弧曲阔刃、两角上翘的斧形。商周时期多作为统帅权威的象征，王者出师，手中常持钺。

刑侯钺

北方青铜双鸟首剑

青铜剑制作，时代可上溯到商，古代贵族和战士随身佩带，用以自卫防身、进行格斗、可斩可刺的兵器。周代出现柳叶形的剑。

矛是刺兵，把矛装在戈柲的上端能钩刺两用的兵器称为戟，周代出现了矛戈混铸成一体的十字形戟。以戈为体、矛为刺，兼有横击钩啄和扎刺的性能。周代的刺体合铸的戟，少数以銎纳銎，多数采用长胡多穿的形式缚口。

青铜戟

刀是砍杀用的兵器，翘首刀一般都是短柄，卷首刀和平刃刀是长武器。西周时有一种可装长柄的背上有銎孔的青铜刀，数量很少。

兽面纹胄

胄又称盔，作战时用以保护头部，青铜胄最初见于商代晚期，形制呈帽形，顶端有一管，用于安插缨饰，左右及后部向下延伸，以保护耳部和颈部。西周时期的墓葬中也发现过青铜胄，山东省胶县西庵西周车马坑中发现过青铜质大圆甲泡及可能是胸甲的青铜兽面。河南省浚县辛村卫国墓地等处也出土有青铜甲泡。

周人墓葬往往附有车马坑，一般是在主墓的附近另行挖坑埋葬车马，少者一车二马，多者可达十多辆车和数十匹马，由此可知马车在周人日常生活中的重要性。

盠驹尊　器作昂首站立的骡驹形，是周代写实动物之一。竖耳，短鬃，尾巴下垂，造型逼真，栩栩如生，充分显示出周代的制作艺术。器腹中空，背上有方形口，口上有盖。纹饰简洁，仅于驹腹饰火纹。驹胸铸有铭文 94 字，铭文大意是：某年十三月甲申，周王举行幼马升为役马的执驹典礼，并赏赐贵族盠两匹骡驹。盠感谢周王对旧宗子弟的关怀和厚惠，特铸驹尊以纪荣宠。器盖有铭文 11 字，记载周王执驹，赐给盠驹名为骓子。

盠驹尊

西周中期　通高 23.4 厘米　长 34 厘米　重 5.68 公斤

1955 年陕西省眉县李村西周窖藏出土　现藏中国国家博物馆

盠驹尊铭文拓本

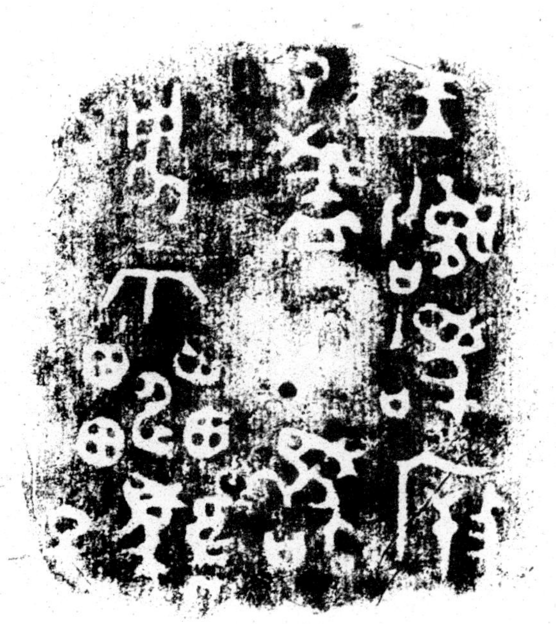

盠驹尊盖铭文拓本

西周王室对畜牧业十分重视，不仅设置官吏主管畜牧业，而且周王还亲自参加春天祭祀马神和拘系未成年幼马的“执驹”活动。金文中出现的畜牧业官员就有：管理土地与农林牧渔的“司土（司徒）”，主管养牛的“牧牛”，主管养马的“牧马”和主管牧场的“司场”。为了发展养马业，周王室在汧渭之间设置王室的专业牧场，主要从事养马业。周孝王时选用善于养马的秦人先祖非子为主管养马的官吏，使得汧渭之间王室马场的马匹大量繁殖。

周代贵族所举行的“射礼”共有四种，即“乡射”“大射”“燕射”和“宾射”。“乡射”是由乡大夫和士在乡学中行乡饮酒礼之后举行的，“大射”是天子或诸侯会集臣下在大学举行的，“燕射”是大夫以上贵族在行宴会之礼后举行的，“宾射”是特为招待贵宾而举行的。其中乡射礼是古代乡学中举行的一种重要礼节，它具有军事训练的性质，当时学校是把军事训练作为重点课程的。古代的军队，是以贵族成员为骨干，“国人”为主力，因此他们要练习“射”，乡射礼就是用行礼的方式来教授这一课程。

乍伯簋

西周　高 16.8 厘米　1993 年河南平顶山出土

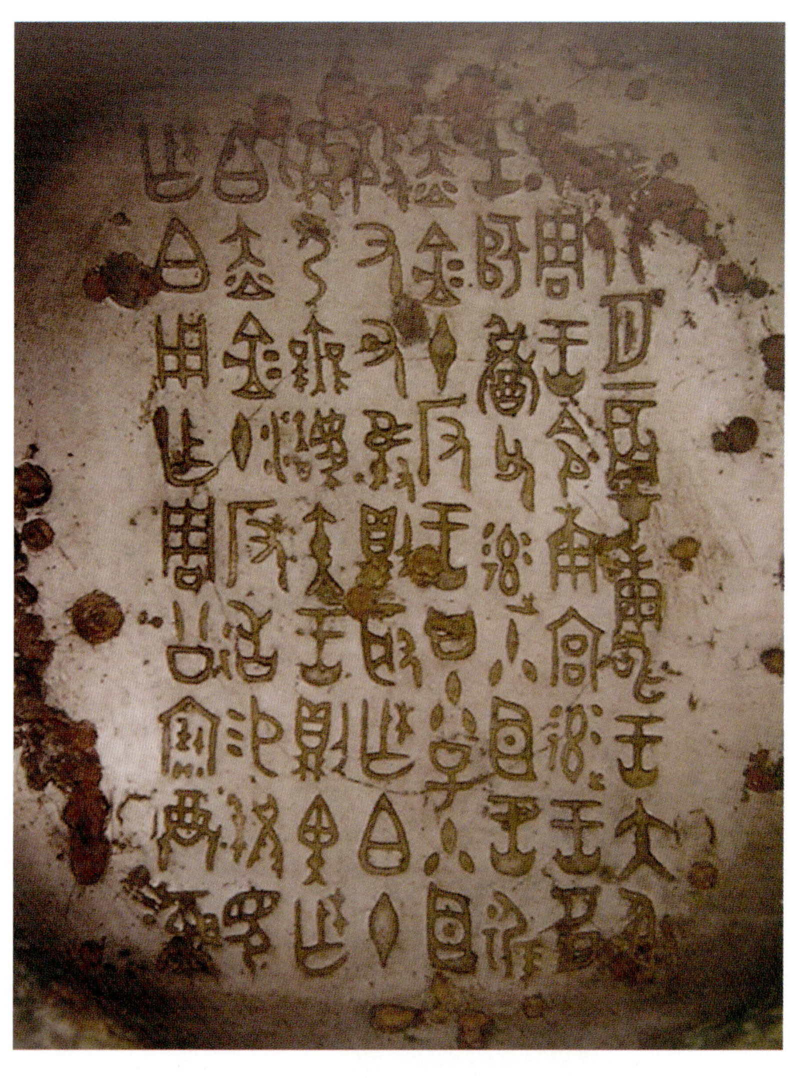

乍伯簋铭文记载有礼射活动

贵族生活

周人的主要食物是稷，就是小米，古人称作“粟”，周人的始祖后稷就是稷神。稻流行在南方，北方就比较珍贵，周人有“稻粱”连称，即指贵重的粮食。“菽”指豆，“苴”是麻所结的实，均用作粮食。《诗经·大雅·生民》即叙述了后稷传说，有“蓺之荏菽，荏菽旆旆。禾役穟穟，麻麦幪幪，瓜瓞唪唪”之句。而《诗经·豳风·七月》叙述了“菽”和“麻”是重要的粮食作物，有“九月筑场圃，十月纳禾稼。黍稷重穋，禾麻菽麦”之句。《豳风·七月》里“九月叔苴，采荼薪樗。食我农夫”之句，即说收拾麻子，配合苦菜，农夫煮熟作为粮食。食物除了粮食，还有肉类，《国语·楚语下》中“天子举以大牢，祀以会；诸侯举以特牛，祀以太牢；卿举以少牢，祀以特牛；大夫举以特牲，祀以少牢；士食鱼炙，祀以特牲；庶人食菜，祀以鱼”，说的是楚大夫观射父讲祭祀等级，其中“大牢”是指牛羊豕三牲，“特牛”是指一牛，“少

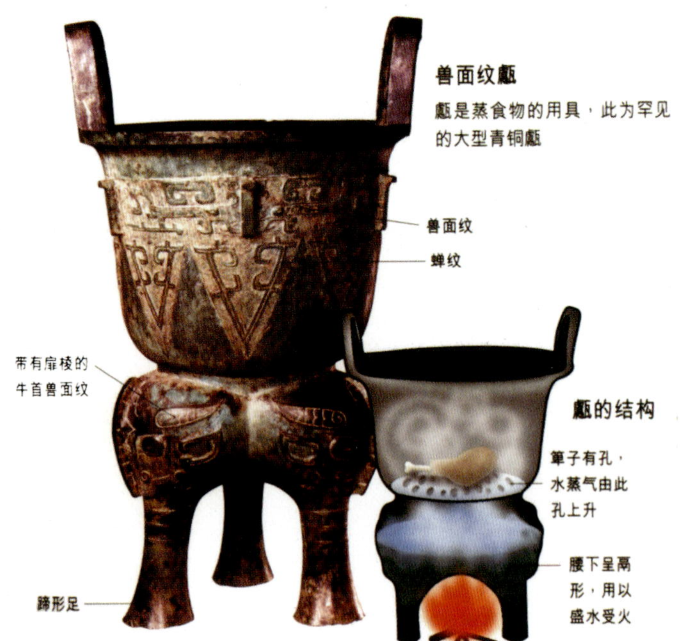

青铜食器使用示意图

牢”是指羊和豕。而《诗经·小雅·鱼丽》则是赞美君子食用各种鲜鱼，如鲿鲨、魴鳢、鰋鲤。《周颂·潜》记录祭祀用鱼的种类，“有鳣有鲔，鲦鲿鰋鲤。”

周人所吃的是煮出或蒸出的饭，而用来煮饭的工具就是鼎或鬲，用来蒸饭的工具则是甑或甗。

母癸甗

西周早期 现藏上海博物馆

牛鼎

西周早期 通高 31 厘米
现藏美国宾州大学博物馆

牛鼎 大鼎立耳，圆腹，立足。鼎身有六道扉棱，饰三组内卷角兽面，以细雷纹填地，鼎足饰浮雕牛角兽面。鼎有盖，盖呈弧面，正中有弓形钮。钮和耳的两端各饰一只立体螺角牛头，甚为罕见。器中、盖上各铸一象形“牛”字。

史颂鼎

西周共和 通高 37.3 厘米
口径 35.7 厘米 现藏上海博物馆

史颂鼎　鼎大立耳，宽体，垂腹，底部近平，三蹄足。口沿下饰变形兽体卷曲纹，腹部饰宽大的波曲纹，鼎足上端饰兽面纹。此大鼎的形制与纹饰是西周中晚期的常见式样。鼎铸有铭文 62 字，记载了史颂接受周王之命省视苏国之事。史颂所作的青铜器，还有簋、盘、簠、匜。

乳钉四耳簋　此簋同陕西省宝鸡市纸坊头周代墓出土的乳钉四耳簋极为相似。簋直口窄沿，深腹，直壁，圈足，下有边条，簋身有四耳短扉。四耳高耸，垂珥几乎触地，耳上各装饰有六只浮雕牛头纹，正面一大二小，背面一小，垂珥两侧各一小牛头，雕塑精细，形态生动。簋身饰直条纹，上下围以三排乳钉，排列井然，圈足饰拱背卷尾龙纹。此簋造型庄重，装饰典雅，铸造精湛，称得上是周代铜器中的出类拔萃之器。

乳钉四耳簋

西周早期　通高 23.5 厘米　现藏美国弗利尔美术馆

兽面纹觥

西周早期 通高22.9厘米 现藏美国弗利尔美术馆

兽面纹觥 此器物造型与折觥相似，方体，盖作龙头状，腹壁微曲，通体铸有八道扉棱。龙头张口露齿，唇上饰有蛇纹，器盖上饰有龙纹及兽面纹，口沿以下饰花冠凤鸟、长冠凤鸟及弯角龙纹，器身四壁和圈足分别装饰内卷角大兽面及长冠凤鸟，均以雷纹填地。主体花纹上加以阴线刻花，形成三层，更显得豪华富丽。

𧶠引觥 此觥与兽面纹觥相比，显得朴素无华。器盖前端作兽首，长耳竖起，圆柱形兽角上有一斜出的倒钩，身后有兽首鋬。器内底铸有铭文“𧶠”，器盖内铸有铭文5字，作“𧶠引作尊彝”。器内还附有青铜斗一只，斗上也铸有铭文，铭文与器盖同。斗柄上饰有一蝉。斗的功能应是用来挹酒，而觥应是储酒器，非饮酒之器。

𤔲引觥

西周早期 通高 25.4 厘米 长 24 厘米 现藏上海博物馆

兽面纹斗 斗制作十分精美，不仅实用，还是一件华丽的艺术品。杯体呈圆柱形，口微敛，柄呈弓形，柄把上饰有龙纹、凤纹及兽面纹。

兽面纹斗

西周早期 通长 37.2 厘米 杯口径 5 厘米

1976 年陕西省扶风县庄白村西周窖藏出土 现藏周原博物馆

师趛方甗　此甗形制少见，整个器由甑、鬲两部分套合而成。甗的部分略大，为椭方体，侈口，直腹，兽首双耳。纹饰十分简朴，口下仅饰两道弦纹，内底有五个十字镂孔。鬲的部分直口短颈，分裆，四柱足，肩上饰一道弦纹，且有一对附耳，鬲足及外底均留有烟炱，可知此器为实用。甗内壁铸有铭文6字，记载了师趛作器。

师趛方甗

西周中期　通高32.3厘米　口纵19.5厘米　口横23厘米

1948年河南洛阳马坡出土　现藏洛阳市博物馆

双鋬杯

西周中晚期 通高12.2厘米 口径8.5厘米
1961年陕西省长安县张家坡西周窖藏出土 现藏陕西历史博物馆

长柄杯

西周中晚期 通高9厘米 口径11厘米 1961年陕西省长安县张家坡西周窖藏出土
现藏陕西历史博物馆

双鋬杯 此种杯子的造型尚属首次发现，足见其设计匠心。双鋬杯侈口，平底，束腰，在杯腰间有一道凸棱，杯体两侧有高大的镂空变形龙纹鋬，稳重华美。同时出土的有两件，器物的形制、大小均相同。

长柄杯 周代出土有单鋬杯，此杯杯体与单鋬杯同，只是将单鋬改成长柄。柄由杯体下腹部斜出，再高出杯口后平折，杯前端有一斜撑，用以加强柄的力度，设计极为巧妙。

双铃俎

西周早期 长 33.5 厘米 宽 18 厘米 高 14.5 厘米

辽宁省义县花尔楼窖藏出土 现藏辽宁省博物馆

双铃俎 器物作几形，几面为长方浅槽状，下连相对的倒凹字形板足。板足间空当两端，各吊一扁形小铃，设计十分精巧。板足面上装饰有雷纹地的兽面纹。

中国古代的肉刑，相传始于三代。《左传·昭公六年》有“夏有乱政而作禹刑，商有乱政而作汤刑，周有乱政而作九刑”，《周礼·司刑》记周代的刑法，有“司刑掌五刑之法，以丽万民之罪，墨罪五百，劓罪五百，宫罪五百，刖罪五百，杀罪五百”，《周礼》郑玄注：“刖，断足也。”刖刑这一周代的刑罚，也用在了周人青铜饮食器上。

刖人守门方鼎 鼎身呈长方形，平沿外折，腹部微垂，有高出器口两附耳。腹下连接长方形炉，炉前门侧窗，门上有一刖足守门人坐像。器身四角饰四回首夔龙，炉四角饰四钩喙兽足，炉底中部有一椭圆形孔。颈部环饰窃曲纹。炉两侧窗上及两侧饰三角变形夔纹，下饰重环纹，后部饰镂空夔纹。炉底有菱形强筋线。同样的刖人形象，还被用在了青铜挽车上。

刖人守门方鼎

西周中期 通高 17.9 厘米 口径 9.2×11.8 厘米 腹深 6.1 厘米 重量 1.68 公斤
1976 年陕西扶风庄白村西周窖藏出土 现藏周原博物馆

刖人守囿铜挽车

西周 山西闻喜出土

玉燕佩饰

西周　陕西扶风齐家村出土

玉刀

西周　陕西岐山凤雏村出土

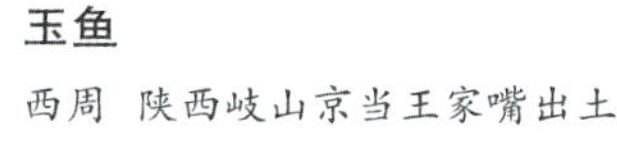

玉鱼

西周　陕西岐山京当王家嘴出土

中国古人喜好美玉，殷商的玉器数量可观。《逸周书·世俘解》：“商王纣取天智玉琰五，环身厚以自焚。凡厥有庶告，焚玉四千。……凡武王俘商旧玉亿有百万。”清代王念孙《读书杂志》校为“凡武王俘商，得旧宝玉万四千”。考古发现表明，周人用玉种类繁多，涉及生活的各方面，从其使用功能上，可大致分为礼玉、组佩和饰玉、生活用玉、把玩玉件及葬玉等。这其中山西省天马—曲村遗址北赵晋侯墓地出土的玉器最为精彩。

晋侯墓地玉器中礼玉是重要的组成部分，主要有大玉戈、玉璧、玉钺，还有玉琮、玉戚等，大部分晋侯及夫人墓中都有大玉戈出土。再有就是组佩数量较多，这也是最精彩的部分。从出土的位置上分，组佩有两种：一种是胸佩，是挂于项上垂于胸前；另一种是挂于肩上垂于胸两侧。胸佩多以璜为主，后者则以玉或骨质的梯形牌饰及玛瑙管、料管组成。大型的组佩包括有三璜双环双玦玉组佩、四璜联珠玉组佩、四璜四珩联珠玉组佩、五璜联珠玉组佩、多璜过珩连环胸腹玉组佩、玉牌联珠组佩、玉牌玉戈联珠组佩，有的组佩竟由多达 600 余件组成，气派非凡，令人叹为观止。

玉组佩

西周　总长 68.5 厘米　山西省曲沃县晋侯墓地 92 号墓出土
现藏山西省考古研究所

玉组佩中镂空透雕双鸟玉牌

上页玉组佩由镂空鸟纹玉牌、玛瑙管、松绿石管、煤精石扁圆珠等共计500件组成。玉牌质地为青玉，梯形，镂空透雕双鸟，鸟尾上翘与华冠相连，身体阴刻线纹。上端有对穿小孔6个，分别维系着6串料管，下端有斜穿小孔10个，用以维系下部串饰。

下组玉组佩出土于墓主胸腹部，过颈佩戴。它是由282件形制各异的玉器组合而成，主要有玉珩，玉璜，玉圭，束腰形玉片及玉、石、玛瑙、松绿石质珠和管，中间是珩、璜。珩、璜中有纹饰单面刻有相交的龙纹，珩的龙首相反，璜的龙首则相对。

玉组佩

西周　最大璜长8.5厘米

山西省曲沃县晋侯墓地92号墓出土

现藏山西省考古研究所

此串玉佩是成组配饰中的一部分，由珩，璜，玉、玛瑙、松绿石珠和管组成。珩的质地为青玉，立鸟横倒置，片状透雕，鸟喙回钩，高冠，双面均有纹饰，颈、尾、背部共有四处穿孔，用以维系串珠。双璜均残断，质地为白玉，纹饰为写实鸟纹。

玉组佩

西周　玉璜长 11.7 厘米

山西省曲沃县晋侯墓地 8 号墓出土　现藏山西省考古研究所

这组佩出土于墓主胸部，上端过颈，下端至腹下，共有408件。由绿色料珠，红色玛瑙串连接六件玉璜。自上而下第一、二件呈白色，璜上装饰着龙纹。

玉组佩

西周　玉璜长16厘米

山西省曲沃县晋侯墓地31号墓出土　现藏山西省考古研究所

这组项饰由6件玉饰及玉管、玉珠、松绿石管、玛瑙珠串成。玉饰呈白色。单面刻纹，三件为双首龙纹，三件为龙凤合体纹。两种纹饰结构均呈“S”形，用双阴线勾勒。

玉项饰

西周 最大玉饰长5.2厘米 宽2.9厘米

山西省曲沃县晋侯墓地102号墓出土 现藏山西省考古研究所

晋侯墓地玉器中还有一类为葬玉，包括缀玉覆面、玉琀、玉握、踏玉，其中缀玉覆面亦是晋侯墓的特色，有的墓主甚至拥有两套缀玉覆面。最精致的一组当属晋穆侯夫人的62号墓出土的玉覆面，共由48件玉饰组成。面部五官采用24件形状各异、雕琢精美的玉饰，分额、眉、目、鼻、耳、颊、嘴、腮等部位，额角为虎形饰，曲腿蹲踞，回首观望，极有动感。面部轮廓则以大小相近而形状相同的24片带平齿的梯形缀片环绕。额为简略的人龙合体纹，眉为勾连纹，耳、腮、嘴饰式样不一的几何纹。纹饰多以双阴线琢刻。鼻的侧、背面均有小穿孔，其余玉件则为正背穿孔。整组覆面色彩斑斓，美不胜收。

玉覆面

西周　鼻形缀玉长8.5厘米　宽3.3厘米

山西省曲沃县晋侯墓地62号墓出土　现藏山西省考古研究所

晋侯墓地玉器中的生活用玉有玉柄形器、玉箸等。把玩玉器种类繁多，包括有现实生活中的人及常见的动物，大多制作精良，惟妙惟肖。计有玉人、玉龙人、玉龙、玉凤、玉鹰、玉枭、玉鸟、玉虎、玉熊、玉马、玉牛、玉羊、玉鹿、玉猴、玉蝉、玉螳螂、玉蚕、玉蛇、玉龟，取材广泛，造型自然，反映出周代制玉水平的高超。

晋侯墓地的玉器复杂多样，完整的组玉佩对研究周代玉器组合、用玉制度、等级差别等方面具有重要价值。晋侯墓地的玉器在形制及纹饰上比商代大为进步，不仅大量组合繁复的组佩及覆面为前代所未见，而且还有想象力丰富的人兽复合纹、龙凤组合纹。在制玉工艺方面，不仅将商代晚期的双勾阴线发展成外粗内细的一面坡手法，而且在线条的运用上也从商代的朴拙演变成流畅，显示出周人琢玉技术的进步及水平的提高。

结语

商代殷纣灭国，人言缘于妖女妲己，周代幽王被诛，亦有美女褒姒。或言红颜祸水，实则周幽王时期，国祚已衰。加之幽王听信谗言，为博褒姒一笑，将其带往骊山，于烽火台燃起烽火，使各路诸侯发兵勤王，上演历史上的“烽火戏诸侯”。褒姒见状，莞尔一笑。但事隔不久，西戎果真来犯，虽然连举烽火告急，却无人理会了，原来各诸侯以为幽王又故伎重演。结果周人都城被西戎攻下，从此西周灭亡。公元前770年，幽王子平王即位，平王名宜臼，母是幽王申后，申后乃申侯之女。公元前771年，幽王被犬戎杀死，都城镐京（今陕西西安西南）经侵袭，十分残破。太子宜臼受到申、许、鲁等诸侯拥戴，在西申（今陕西宝鸡）即位。为避犬戎，平王把都城从镐京东迁至洛邑（今河南洛阳），史称东周。周平王依仗晋、郑、虢等诸侯的力量，勉强支持残局。但是周室衰微，天子失去天下共主地位，诸侯各国间的兼并愈演愈烈，中国历史从此进入春秋战国时期。春秋时期，铁器已在农业、手工业生产中使用。铁器坚硬、锋利，胜过木石和青铜工具。铁器的使用，标志着社会生产力的显著提高。其时，牛耕也已开始，农业进一步发展，一些贵族把公田化为私田。到了公元前256年，延续八百年的周王朝终被秦国所灭。